Karl Theodor von Dalberg

Entwurf eines Gesetzbuches in Kriminalsachen

Karl Theodor von Dalberg

Entwurf eines Gesetzbuches in Kriminalsachen

ISBN/EAN: 9783743332553

Hergestellt in Europa, USA, Kanada, Australien, Japan

Cover: Foto ©Andreas Hilbeck / pixelio.de

Manufactured and distributed by brebook publishing software (www.brebook.com)

Karl Theodor von Dalberg

Entwurf eines Gesetzbuches in Kriminalsachen

Entwurf
eines
Gesetzbuchs
in
Criminalsachen.

Frankfurt und Leipzig
1792.

Inhalt.

	Seite.
Einleitung	1

Erster Theil.

Vorschriften über dasjenige, so bey Untersuchung der Verbrechen zu beobachten ist	7
Erster Abschnitt: allgemeine *Verhältnisse*	9
§. 1. *Zweck der peinlichen Gerichtsbarkeit*	ebd.
§. 2. *Grenzen des Gerichts-Zwangs in peinlichen Sael*	10
§. 3. *Bestimmung der Befugnisse*	11
§. 4. *Verhältnisse mit auswärtigen Landes-Herrschaften*	ebd.
Zweyter Abschnitt: Besetzung und *Verfassung der Kriminal-Gerichte*	12
§. 1. *verschiedene Mitglieder dieser Stelle*	ebd.
§. 2. *Obliegenheit des vorgesetzten Präsidenten*	13
§. 3. *Pflichten der Assessoren*	14
§. 4. - - *der Actuarien*	ebd.
§. 5. - - *des Fiscals*	15
§. 6. - - *Unterämter*	16
Dritter Abschnitt: von Anklärung der That und Entdeckung des Thäters	17
§. 1. *Anzeige der vorgefallenen That*	ebd.
§. 2. *Untersuchung aller Umstände der That*	18
§. 3. *Erforschung des Corporis delicti*	20
§. 4. *Nachforschung nach unbekanntem Thäter*	22
	§. 5

Inhalt.

§. 5. *Ergreifung des vermuthlichen Verbrechers* 23
§. 6. *Behandlung verdächtiger Personen* 25
§. 7. *vorläufige summarische Abhörung der Zeugen und derjenigen, von denen man Auskunft vermuthet* 26

Vierter Abschnitt: *von dem ersten Verhöre des Beschuldigten* 28
§. 1. *Vernehmung der allgemeinen Umstände* ebd.
§. 2. *Vernehmung über die nähern Umstände* 29
§. 3. *Gegeneinanderstellung mit Zeugen* 30
§. 4. *Vorlegung vorkommender Beweise* 31

Fünfter Abschnitt: *von denen Fällen, wo zu der Verhaftnehmung zu schreiten ist.* 32
§. 1. *von Grund und Veranlassung der Verhaftnehmung* ebd.
§. 2. *wer die Verhaftnehmung zu bestimmen hat* ebd.
§. 3. *in welchen Fällen Hausarrest hinlänglich ist* 33
§. 4. *in welchen Fällen ist Caution hinreichend* 34
§. 5. *in welchen Fällen zum Gefängnisse geschritten wird* ebd.
§. 6. *wie das Gefängniß einzurichten ist* ebd.

Sechster Abschnitt: *der Unterschied zwischen den besondern und allgemeinen Untersuchungen wird aufgehoben* 36
§. 1. *General- und Special-Untersuchung* ebd.
§. 2. *von den Mitteln, deren sich Abwesende oder Entwichene bedienen können* 37
§. 3. *von dem Geleite der abwesenden Beklagten, und dessen Folgen* 38

Siebenter Abschnitt: *nöthige Besorgungen bey der Untersuchung* 40
§. 1. *Entwerfung der Inquisitions-Artikel* ebd.
§. 2. *vom Betragen des Richters bey der Inquisition* 42

§. 3.

Inhalt.

§. 3. von Verhörung der Mitschuldigen — 42
§. 4. von Untersuchung gegen Taube und Stumme 43
§. 5. von einem hartnäckigen Inquisiten 44
§. 6. Fortgang und Beschliesung der Inquisition ebd.

Achter Abschnitt: von Rechtfertigung des Beklagten 45
§. 1. dessen Defensions-Schrift ebd.
§. 2. von den Anwälden 46
§. 3. Mittheilung der Akten 47
§. 4. von Vertheidigungs-Schriften ebd.
§. 5. von Fristen zur Vertheidigung 48
§. 6. von weiterer Vertheidigung ebd.

Neunter Abschnitt: Von Prüfung der Untersuchungen, ehe das Endurtheil abgefasst wird 49
§. 1. von Schliesung der Untersuchung ebd.
§. 2. Pflichten des Referenten 51
§. 3. - - des Korreferenten ebd.
§. 4. - - des Präsidenten 52
§. 5. Prüfung, Vergleich und Abwiegung der Beweise 53

Zehnter Abschnitt: Von Beweisen 54
§. 1. von Zeugen ebd.
§. 2. von der Eydesleistung 55
§. 3. von Umständen, die sich zur Zeit des Verbrechens zugetragen haben 56
§. 4. von vorhergehenden und nachfolgenden Umständen 57
§. 5. von Angebung des beleidigten Theils 58
§. 6. von äusern Angebungen, und von solchen Zeugen, die nicht genannt seyn wollen 59
§. 7. von Beweisen durch Schriften und andere Merkmale 60

Inhalt.

§. 8. allgemeine Bemerkungen von Beweisen überhaupt 61

Eilfter Abschnitt: von Herstellung des wirklich begangenen Verbrechens 67
§. 1. vom Augenscheine ebd.
§. 2. Besichtigung des Todtenkörpers bey vorfallender Entleibung, und Pflichten des Wundarztes und Arztes 68
§. 3. Besichtigung bey geschehenem Kindermorde 69
§. 4. Besichtigung und Untersuchung bey vorgefallener Vergiftung ebd
§. 5. von Wundberichten 70
§. 6. Besichtigung bey vorgefallenen falschen Münzen, Diebereyen, Räubereyen, und Mordbrennereyen ebd.
§. 7. Beweise wegen Verbrechen begangener Unzucht 71
§. 8. allgemeine Bemerkungen, in Betreff der Augenscheine, (visum repertum) der Kranken und Wundberichte ebd.
§. 9. Beweise solcher Verbrechen, wo der Augenschein fehlt 72

Zwölfter Abschnitt: vom Bekenntnisse des Beklagten 73
§. 1. vom rechtlichen Verfahren, wenn der Beklagte läugnet ebd.
§. 2. vom hartnäckigen Stillschweigen des Beklagten 74
§. 3. vom Wiederrufen des Bekenntnisses 75

Dreyzehnter Abschnitt: von Beweissen durch Zeugen insbesondere 76
§. 1. wie viele Zeugen zum Beweise nöthig sind ebd.
§. 2. von ungültigen Zeugen 77
§. 3. von Iuden 78

Inhalt.

§. 4. von Aussagen junger Leute 78
§. 5. von Zeugnissen auf Gegenstände, die der Zeuge nicht durch eigene Sinne erfahren 79
§. 6. von Entwerfung der Beweiß-Artikel ebd.
§. 7. von gegenwärtigen Kranken-Zeugen, und von Abhörung auswärtiger Zeugen 80

Vierzehnter Abschnitt: von Gegenstellung der Zeugen 81
§. 1. von dem Hauptzwecke dieser Gegenstellung ebd.
§. 2. von Vorzeigung der Handschriften und der verschiedenen Sachen ebd.
§. 3. von weiterer Entgegenstellung der Zeugen 82

Funfzehnter Abschnitt: von Beweißen durch Akten und Briefschaften 83
§. 1. von Privaturkunden und Briefschaften ebd.
§. 2. von Vorlegung solcher Briefschaften 84
§. 3. von Vorlegung gerichtlicher Protokolle und Urkunden ebd.
§. 4. vom Anerkennen des Beklagten 85

Sechszehnter Abschnitt: von Vermuthungen 86
§. 1. von Vermuthungen überhaupt ebd.
§. 2. von halben Beweißen 87
§. 3. von Vermuthungen verschiedener Verbrechen insbesondere 89
§. 4. Prüfung der Anzeigen 90
§. 5. Entledigung ab instantia ebd.

Siebenzehnter Abschnitt: vom unvollständigen Beweiße 91
§. 1. wie sich die Richter gegen einen Verdächtigen zu verhalten haben ebd.
§. 2. wie die Entscheidung gegen solche Beklagte abzufassen 92
§. 3. von Entlassung eines solchen Beklagten 93

Inhalt.

Achtzehnter Abschnitt: von Mitschuldigen ... 95
§. 1. von Untersuchung wegen der Mitschuldigen ebd.
§. 2. wie die Mitschuldigen zu behandeln sind 96
§. 3. was in Betreff der Mitschuldigen bey dem Endurtheile zu erwägen sey 97

Neunzehnter Abschnitt: von dem Endurtheile und dessen Abfassung ebd.
§. 1. vom Endurtheile überhaupt ebd.
§. 2. mit welcher Feyerlichkeit das Urtheil dem Verbrecher bekannt zu machen 99
§. 3. öffentliche Bekanntmachung ebd.

Zwanzigster Abschnitt: von Vollstreckung der Urtheile 101
§. 1. von Vorbereitung durch den Geistlichen ebd.
§. 2. von Vollstreckung des Urtheils 102
§. 3. vom Nachlasse des Verbrechers ebd.

Ein und zwanzigster Abschnitt: von Kosten in peinlichen Sachen 103
§. 1. von Diäten der Commissarien ebd.
§. 2. von den Atzungskosten im Gefängnisse 104
§. 3. von der Gerichtskasse ebd.

Zwey und zwanzigster Abschnitt: von unschuldig befundenen Beklagten 105
§. 1. wie ihnen ihre verletzte Ehre wieder zu verschaffen ist ebd.
§. 2. wie ein solcher wegen versäumter Nahrung zu entschädigen 106
§. 3. in welchen Fällen Ankläger, Zeugen oder gar ungerechte Richter zu dieser Entschädigung beytragen müssen 107

Drey und zwanzigster Abschnitt: von dem Unterschiede des peinlichen Verfahrens, zwischen den Fehlern der Nach-

Inhalt.

Nachlässigkeit, und Verbrechen der Boshcit — 108
- §. 1. von dem wesentlichen Unterschiede zwischen Vergehen, (Culpa) und Bosheit (Dolus) — ebd.
- §. 2 Unterschied in dem peinlichen Verfahren, in Fällen der Bosheit, und Fällen der Schuld — 109

Zweyter Theil.

Strafgesetze auf Verbrechen — 111
Erster Abschnitt: Eintheilung der Verbrechen — 112
- §. 1. nach welchen Hauptgesichtspunkten die Verbrechen zu beurtheilen sind — ebd.
- §. 2. nach welchen Hauptgesichtspunkten die Strafe zu mildern ist — 116

Zweyter Abschnitt: von dem Unterschiede zwischen Vergehen und Bosheit — 123

Dritter Abschnitt: von gemeinschaftlichen Verbrechen — 129
- §. 1. vom Urheber eines Verbrechens — ebd.
- §. 2. vom Rathgeben, Mitwissen, und Theilnehmung eines Verbrechens — 130
- §. 3. von anbefohlenen Verbrechen — 131
- §. 4. von Verbrechen ganzer Collegien, Gemeinheiten und Zünfte, und eines grofsen Haufens versammelter Menschen — ebd.

Vierter Abschnitt: von solchen Umständen, durch welche eine verbotene Handlung gänzlich entschuldiget wird — 132
- §. 1. allgemeine Grundsätze in diesem Betreff — ebd.
- §. 2. von der Nothwehr — 133
- §. 3. vom Nothdiebstahle — 134

§. 4.

Inhalt.

§. 4. von Beschädigungen, so durch Wahnsinnige geschehen ebd.
§. 5. von zugefügtem Schaden durch Unglücksfälle 135

Fünfter Abschnitt: allgemeine Bemerkungen von Strafen überhaupt ebd.

Sechster Abschnitt: Bestimmung der Strafen 139

Erstes Kapitel: von Strafen, so hier anzuwenden sind, und von deren Wirkungsabsicht auf das Publikum, und auf die Verbrecher ebd.

A) Enthauptung 140
B) Enthauptung, mit Aufsteckung des Kopfs auf einen Pfahl 141
C) öffentliche Schläge ebd.
D) Zuchthaus mit öffentlichen Schanzen 142
E) Zuchthaus mit Schanzenarbeit, angeschmiedet zu verrichten ebd.
F) Zuchthaus als Gefängniß ebd.
G) öffentliche Ausstellung mit einer Tafel ebd.
H) Ausschliefsung von öffentlichen Aemtern 143
I) Polizeyhaus 145
K) Geldstrafe ebd.
L) Entfernung aus dem Lande 146
M) besonderes Gefängniß ebd.
N) Hausarrest ebd.
O) Confiscation des selbsterworbenen Vermögens 147

Zweytes Kapitel: praktische Bemerkungen über die Ursachen der Verbrechen 148

Drittes Kapitel: Strafgesetze 151
Erstens: Eingriffe in die persönlichen Rechte ebd.
§. 1. vom Aberglauben und Zauberey ebd.
§. 2. vom Meineyde 152

§. 3.

Inhalt.

§. 3. versuchter Selbstmord und eigene Verstümmelung   153
§. 4. von Verbrechen, die in der Trunkenheit begangen worden   154
§. 5. Unzucht   155
§. 6. Beschimpfungen   156
§. 7. Menschenraub   157
§. 8. Mord und Verwundung   158

Zweytens: Verbrechen gegen das Eigenthumsrecht   161
§. 1. Von dem Raube   ebd.
§. 2. vom Diebstahle   162
§. 3. Verfälschung   163
§. 4. Betrügereyen   164
§. 5. Wucher   165
§. 6. Feueranlegung   166

Drittens: Verbrechen gegen allgemeine Ordnung   167
§. 1. Störung des Gottesdienstes   ebd.
§. 2. Aufruhr und Ungehorsam   168
§. 3. Gewaltthätigkeiten   169
§. 4. Verrätherey   ebd.
§. 5. falsches Münzen   170
§. 6. Dienstvergehungen   171

Viertes Kapitel: Verwechselung der Strafen   172
Fünftes Kapitel: von vermischten Verbrechen   175
Sechstes Kapitel: von den Grenzen der Polizeystrafen   176
Siebentes Kapitel: von Verjährung   179
Achtes Kapitel: von entwichenen Gefangenen   180

Dritter Theil.

Wie die Verbrechen zu verhüten und zu vermeiden sind ... 183

Erster Abschnitt: allgemeine Betrachtungen ... 185

Erstes Kapitel: von den Ursachen der Verbrechen ... 187

Zweytes Kapitel: von den Mitteln, wie die Ursachen der Verbrechen zu heben sind ... 190

Drittes Kapitel: von Wachsamkeit des Staats auf gute Sitten ... 194

Viertes Kapitel: von Entfernung Sittenverderblicher Gelegenheiten ... 198

Fünftes Kapitel: von solchen Verbrechen, welche noch nicht auf eine legale Art angezeigt worden, und wie solche Verbrecher gebessert werden ... 200

Sechstes Kapitel: von sittlicher Besserung der Verbrecher, während ihrer Strafzeit ... 201

Siebentes Kapitel: von Geistesbildung bestrafter Verbrecher ... 203

Achtes Kapitel: von Beschäftigung der Bestraften ... 206

Neuntes Kapitel: von innerer Einrichtung des Polizeyhauses ... 208

Zehntes Kapitel: von Einrichtung des Zuchthauses ... 211

Eilftes Kapitel: von Gefängnissen ... 214

Zwölftes Kapitel: nöthige Aufsicht über alle solche Anstalten ... 216

Schluß. ... 218

Einleitung.

Die Verfertigung eines neuen Gesetz-Buchs in Criminal-Sachen ist aus wichtigen Gründen anzurathen, weil: *erstlich* die peinliche Halsgerichtsordnung Kaiser Karls des Fünften in manchen Verhältnissen auf gegenwärtige Begriffe und Sitten nicht mehr passend ist, und dieser Mangel weder durch Reichs-Gesetze, noch durch das geistliche, noch durch das römische Recht vollkommen ersetzet wird. Weil *zweytens* die Meinungen der Rechtslehrer sich hierin oft widersprechen, und daher die Begriffe

griffe vom Recht selbst schwankend machen. Weil *drittens* die bisherigen Criminal-Gesetze dem Richter keine zwekmäſsig bestimmte Grenzen setzen: und seiner Entscheidung in mancher Absicht zu wenig, in mancher zu viel Willkür lassen; auf einer Seite keine Appellation verstatten, auf der andern Seite das Verfahren ohne Nutzen durch den Unterschied zwischen General- und Special-Untersuchung weitläuftig machen. Weil *viertens* kein hinlänglicher Bedacht darauf genommen wurde, um theils den Verbrechen zuvor zu kommen, und theils, die Verbrecher zu bessern und die Unschuld zu retten.

In diesem Gesetzbuche hat man diejenigen wichtigen Bemerkungen und Erfahrungen zu nutzen gesucht, welche theils in andern Gesetzen, theils in ältern oder neuern Rechtsgelehrten, theils auch in philosophischen Schriftstellern vorkommen. Das Ganze ist

als

Einleitung.

als ein zusammenhängendes Lehrgebäude in der Maase durchdacht und verbunden worden, daß dessen verschiedene Theile einander wechselseitig unterstützen und befördern.

Die Hauptabsicht ist und bleibt dahin gerichtet, damit die möglichst gelindeste Mittel, das möglichst größte Gute bewürken: damit nämlich keine Strafe schärfer angesetzt werde, als es das wahre Wohl des Staats erfordert; zugleich aber auch hierin die öffentliche Ruhe und das allgemeine Wohl gegen Bosheit und Unbesonnenheit hinlänglich sicher gestellt werde; damit ferner, so viel möglich, kein Verbrechen ungestraft dahin gehe, aber auch kein Unschuldiger einem ungegründeten Verdachte aufgeopfert werde.

Das ganze Werk zerfällt in drey Theile. Der erste Theil enthält die Vorschriften der peinlichen Gerichtsbarkeit. Der zweite Theil enthält das eigentliche Strafgesetz. Im dritten

ten Theile werden die Mittel angegeben, um den Verbrechen zuvor zu kommen, und die Verbrecher zu bessern.

In diesem Werke hat man aus der Carolina viel wesentliches beybehalten, besonders was das Corpus delicti, und die Defension betrift.

Aus dem toskanischen Criminal-Gesetze hat man die Entschädigung unschuldig befundener Gefangenen, die billigmäfsige Behandlung der Entwichenen, und einige andere Gegenstände aufgenommen. Verschiedenen Rechtsgelehrten, z. B. *Quistorp, Krefs*, besonders aber den meisterhaften Betrachtungen des Herrn von *Globigs* hat man hierin vieles zu danken. Die philosophischen Bemerkungen des *Montesquieu*, des *Beccaria*, des Herrn von *Soden*, Aufsätze gründlicher Kenner, hat man auch genützt.

Im ganzen bleiben folgende Gesichtspunkte wahr, und werden dem Richter bestens anempfohlen:

1)

1) In der Gerichtsordnung muß man in Erforschung der Wahrheit so vielen Scharfsinn und Genauigkeit anwenden, als die menschlichen Verhältnisse erlauben. Und hierin kommt es wesentlich an a) auf schnelle Untersuchung aller Umstände der *Zeit* und *des Orts*, da an einem angegebenen Orte, in einem bestimmten Zeitraume, nach den *vorhergehenden* und *nachfolgenden Ereignissen* nur *eine*, und grade *die zu erforschende* Thatsache möglich ist. b) Die Vermuthungen, so entfernt sind, liegen hauptsächlich in dem *vorhergehenden ganzen Lebenswandel* des Beschuldigten. Sind iedoch blos als Vermuthungen anzusehen.

2) Die Strafen selbst müssen denienigen Grundtrieben entgegen gesetzt seyn, welche die Verbrechen hervorgebracht haben; und müssen den Stufen der Bosheit, oder den Stufen der Unbesonnenheit angemessen seyn.

3)

3) Wer Verbrechen zuvorkommen will, muſs es thun, ehe sie durch Gewohnheit und irrige eingewurzelte Begriffe unbiegsam geworden. Was sich annoch an verderbten Menschen bessern läſst, muſs durch Rührung ihres Herzens, Ueberzeugung ihres Verstandes, und beſsre Gewohnheiten entstehen.

Die hier entwickelten Grundsätze sind, wie alle allgemeine Grundsätze, einfach; die Anwendung tausendfältig! Diese Anwendung hängt von Einsichten und Tugenden des Richters ab.

Entwurf
eines Gesetz-Buchs
in
Kriminal-Sachen.

Erster Theil.
Vorschriften über dasienige, so bey Untersuchung der Verbrechen zu beobachten ist.

Erster Abschnitt.
Allgemeine Verhältnisse.

§. I.
Zweck der peinlichen Gerichtsbarkeit.

Die Absicht aller peinlichen Gerichtsbarkeit muſs dahin gehen, die Thathandlungen, so dem gemeinen Wesen und dem Wohl der Bürger und Unterthanen nachtheilig sind, genau, zuverlässig und baldmöglichst zu erforschen. Diese Absicht muſs auf alles dasienige gerichtet seyn, was diese Thathandlungen bestätigen, in ihrem wahren Verhältniſse und Zusammenhange darstellen kann; und muſs alles dasienige vermeiden, was unnöthige Weitläuftigkeiten verursacht, den Unschuldigen in Verdacht oder Unglük verwickeln kann. Der Zweck dieses Verfahrens muſs allemal dieser seyn: einestheils, den Staat und dessen Mitglieder gegen wahre Verbrecher sicher zu stellen, und anderntheils, so viel es thunlich ist, diese Verbrecher zu bessern; wodurch dann für die Gerichtstelle selbst allgemeines Vertrauen erworben wird. Der Zweck dieser Vorschriften muſs dahin gehen, daſs die Untersuchungen der Verbrechen in ihrer Art den möglichsten Grad von Vollkommenheit erreichen; und dieses wird geschehen, wenn Zuverläſsigkeit, Beschleunigung, Vollständigkeit, Eifer für das gemeine Beste, mit Menschenliebe für die Verbrecher vereinbaret sind.

§. II.

Grenzen des Gerichtszwangs in peinlichen Sachen.

Die peinlichen Sachen und ihre Untersuchungen sind immer mit Verdacht, üblen Nachreden, und Besorgnissen verbunden; Daher ist der Grundsatz höchst wichtig: a) daſs man ohne Noth und hinlänglichen Grund, gegen niemand eine Untersuchung in Kriminalsachen anfangen müsse; b) daſs man dieser Untersuchung nur denienigen Grad von Schärfe und Dauer geben könne, der nach vorliegenden Umständen unumgänglich nöthig ist; daſs man c) den Beschuldigten nicht länger in Untersuchungen aufhalten müsse,

müsse, als die vorliegenden Umstände auf ihn einen Verdacht veranlassen; daſs man d) in solche Gegenstände und Handlungen, die nicht durch Gesetze verboten sind, sich von Seiten der peinlichen Gerichtsstelle gar nicht einzumischen habe.

§. III.
Bestimmung der Befugnisse.

Die peinliche Gerichtsstelle muſs alle dieienige Mittel in Händen haben, die ihr zu Erforschung schädlicher Thathandlungen nöthig sind. Daher muſs ihr a) für die Zukunft von allen Landesstellen und Aemtern schleunig mit aller Hülfe anhanden gegangen werden, die nur immer auf Erforschung der Wahrheit Beziehung haben können. b) Alle Landes-Inwohner müssen bereit seyn, ihr Folge zu leisten, und beförderlich zu seyn. c) Hierin darf in dieser Befugniſs von keiner Stelle, und noch weniger von irgend einer Privat-Person Eingriff geschehen. d) Sie muſs alle nöthige Zwangsmittel in Händen haben, die zu Beförderung ihres Geschäfts beytragen können.

§. IV.
Verhältnisse mit auswärtigen Landesherrschaften.

So oft solche Gegenstände vorkommen, zu deren Erörterung auswärtige Landesherren beitragen kön-

können, so communiciren die Criminal-Gerichte hierüber unmittelbar mit solchen Stellen, besonders in solchen Fällen, wo a) zu Erörterung der Wahrheit auswärtige Zeugen-Aussagen nöthig sind; oder wo im Gegentheile b) die auswärtigen Stellen für nöthig finden, dafs Unterthanen über diesen oder ienen einzelen Gegenstand vernommen werden. Oder wo c) ein Unterthan in auswärtiger Landesherrschaft ein Verbrechen begangen, und von dorther auf dessen Arretirung und Auslieferung angetragen wird.

Zweyter Abschnitt.
Besetzung und Verfassung der Criminal-Gerichte.

§. I.
Verschiedene Mitglieder dieser Stelle.

Die Wichtigkeit des Geschäfts erfordert, dafs a) die Zahl der stimmführenden Richter aus mehreren bestehe, damit in solchen wichtigen Gegenständen einer den andern auf die Bahn der Wahrheit zurück führe, wenn er aus Vergessenheit oder menschlicher Schwachheit davon abweicht. Dafs b) eine aus mehreren Gliedern bestehende Stelle einen Vorgesezten habe, der

der auf Eintracht, Ordnung, und Befolgung der Vorschriften halte. Daſs c) diese Stelle mit solchen Aktuarien besetzt sey, welche das Verfahren treulich, vollständig und pünktlich aufzeichnen, demselben vollkommnen Glauben und Rechtskraft verschaffen, und alle Verhandlungen ordentlich aufbewahren. Endlich d) sind Gerichtsdiener (Pedellen) nöthig, welche die kleinen Aufträge in laufenden Sachen vollstrecken und besorgen. e) Von dem Fiscal, den Rechtsanwälden, Defensoren u. s. w. wird das Nähere weiter unten vorkommen.

§. II.
Obliegenheit des vorgesetzten Präsidenten.

a) Der Praesident muſs darauf bestehen, daſs Ordnung, Stimmfreyheit, und Beobachtung der Vorschriften, eingehalten werden. b) Er ernennt die Commissarien und Referenten. c) Ohne sein Vorwissen darf keiner in Verhaft genommen werden. d) Er hat den Vorsitz bey der Gerichtsstelle, und sammlet die Stimmen ein. e) Er wacht darauf, daſs die Kanzley-Personen ihre Pflicht erfüllen; und f) daſs den Verbrechern und Verhafteten an nöthiger Verpflegung und menschenfreundlicher Sorgfalt nichts abgehe.

§. III.

§. III.
Pflichten der Assessoren.

Diese müssen dafür sorgen, a) dafs sie in Untersuchungen die Thatsachen gründlich und vollständig erforschen, dafs sie b) aus den Akten treulich den ganzen Inhalt vortragen; dafs sie c) ohne Vorliebe oder Abneigung das Richteramt erfüllen, dafs sie d) ohne alle Rücksicht, nach ihrem Gewissen und Ueberzeugung, in so wichtigen Gegenständen verfahren, abstimmen und entscheiden.

§. IV.
Pflichten der Actuarien.

Der Secretarius und die beiden Actuarien müssen a) dasienige, was in den Gerichten beschlossen wird, genau und pünktlich aufschreiben. b) Desgleichen bey Untersuchungen der Commissarien müssen sie sowohl deren Fragen als auch die Antworten des Beklagten genau aufzeichnen; c) auf ihr Gewissen und Pflichten nichts aufschreiben und dem Protocolle eintragen, als was der wörtlichen Aussage und dem Sinne des Beklagten gemäfs ist. d) So oft sie glauben, dafs hierin ein Mifsverstand vorgekommen, so sollen sie ohne alle Rücksicht den Commissarius oder die Gerichtsstelle ersuchen, dafs er den Kläger, Beklagten, oder die Zeugen, nochmalen ihre Aussagen deutlicher und vollständiger wiederholen lasse.

lasse. Und sollen e) niemalen anders als aus innigster Ueberzeugung der vollständigsten Wahrheit, ein Protocoll oder eine Urkunde unterzeichnen; indem dieses in ihrem Verhältnisse die ernstlichste Pflicht der Rechtschaffenheit ist.

§. V.
Pflichten des Fiscals.

Der Fiscal stellt das gemeine Wesen vor, und muſs so oft die Stimme erheben, als er überzeugt ist, daſs ein Verbrechen begangen worden, dessen Bestrafung für das Wohl des Staats wichtig ist. Er muſs daher a) auf ieden solchen Vorgang achtsam seyn; muſs b) sich hierin keine Mühe gereuen lassen; muſs c) es dahin bringen, daſs der öffentliche Ruf seiner Rechtschaffenheit ieden veranlaſst, ihm dasienige zu entdecken, was ihm von einem schädlichen Vorgange bekannt ist. Er muſs d) bey solchem Vorgange alle Umstände in der Stille erforschen, hiernächst e) muſs er sie dem Richter vortragen. Iedoch er muſs f) aus bloser Liebe zur Wahrheit den gesammelten Umständen nicht mehr Kraft und Gewicht geben, als sie an sich selbst haben. g) Sein beständiger unverrückter Zwek sey immer in seinem Fache: die reine und vollständige Erforschung der Wahrheit. Und damit er h) seinem Amte Gnüge leiste; so muſs er keine Zeit verlieren; muſs auf Erforschung iedes vorhergehenden und nachfolgenden Umstandes

ge-

genauen Bedacht nehmen. Bey vorgegangenen Mordthaten, und auch andern Verbrechen, mufs das Corpus delicti sicher und genau hergestellt werden, und das zwar dergestallt, i) dafs dem Richter über die Vollständigkeit des Vortrags und der Beweise nichts zu wünschen übrig bleibt.

§. VI.
Unterämter.

Bey diesen Stellen kommen wichtige und minder wichtige Verbrechen vor. In Betreff der erstern müssen sie an Genauigkeit, Vollständigkeit und Beschleunigung der ersten Untersuchung nichts ermangeln lassen, und dieses um so mehr, da die Beweise schleunig und auf frischer That immer am besten und zuverläfsigsten erforscht werden können. In Betreff minderwichtiger Gegenstände ist es sehr oft möglich, die Verbrecher annoch zu bessern; wobey sehr viel auf Anlafs und Ursache des Verbrechens zu sehen ist.

Dritter Abschnitt.

Von Anklärung der That und Entdeckung des Thäters.

§. I.
Anzeige der vorgefallenen That.

Die Anzeigen der vorgefallenen That geschehen entweder a) durch dieienige, welche dadurch Nachtheil erlitten haben, oder b) durch unpartheiische, oder c) durch solche, welche von dem Staate zur Aufsicht über Ordnung und Sicherheit aufgestellt sind, oder endlich d) durch aüssern allgemeinen Ruf. In allen diesen Fällen kommt es hauptsächlich darauf an a) ob die Anzeige an sich wahr ist, und ob sie schleunig genug vorgebracht worden, b) ob sie in allen Umständen, vollständig und erschöpfend ist, c) ob darin nicht durch Leidenschaften, irrige Bemerkungen, Vorurtheil, Uebereilung, und Bosheit, allerley unrichtige Umstände und Nachrichten mit eingeflossen sind. Da auf die Anzeigen sehr viel ankommt: so müssen von Seiten der Landesherrschaft alle Anstalten getroffen werden, damit sie schleunigst, vollständigst, und verläfsig angebracht werden, indem zu Erforschung der Wahrheit in peinlichen Sachen aüsserst viel daran gelegen ist; und die Verbrechen selbsten durch solche thätige Wachsamkeit sehr vermindert werden.

werden. Alle diese Zwecke werden am besten erreicht, wenn a) dem Fiscal und iedem einzeln Ortsvorgesetzten durch gute ausführliche Instruktionen die Wachsamkeit und Thätigkeit in Beobachtung und Anzeigung der Verbrechen eingeschärft wird. Wenn b) iedem Bürger und Unterthan durch Seelsorger und Schullehrer anempfolen wird, alles dasienige der Obrigkeit zeitlich zu entdecken, was der Sicherheit und dem Wohlstande seiner Mitbürger nachtheilig werden kann. Und hauptsächlich c) wenn zu Fiscal und Amtleuten immer solche Männer angestellt werden, die sich durch Fleifs, Rechtschaffenheit und Einsichten, rühmlich auszeichnen.

§. II.
Untersuchung aller Umstände der That.

Sobald die Anzeige geschehen, so mufs der Richter alle mögliche Mittel anwenden, um die Wahrheit vollständig, schleunigst, und genau zu entdecken. Hierbey kommen zu erwägen a) die Umstände, so vorher gegangen, b) alles dasienige, was auf Zeit, Ort, und äussere Umstände der begangenen Thatsache wesentliche Beziehung haben kann.

Hierbey ist hauptsächlich der richtige Gesichtspunkt in der Maafse zu fassen: dafs a) sogleich nach geschehener Anzeige, die nöthigen Vorschriften und Mafs-

Maſsregeln augenblicklich ergriffen werden, damit die nöthigen Beweiſsmittel sich nicht verändern, oder entgehen, und die frischen Spuhren nicht verwischt werden. b) Soviel immer möglich ist, müssen alle Umstände sogleich in sinnlichen Augenschein genommen, desgleichen alle Augenzeugen und andere Zeugen vernommen werden. c) Alle dahin führende Nachrichten müssen auf eine rechtsförmliche Weiſse aufgezeichnet und zum Protokoll genommen werden.

Der Nutzen einer solchen Untersuchung wird alsdann hauptsächlich erzielt, wenn a) nichts unnöthiges untersucht wird, so auf die vorgegangene Thatsache keine wesentliche Beziehung hat. Wenn b) alles dasienige ganz vollständig und erschöpfend untersucht wird, welches die Thatsache aufklären kann. c) Wenn der Richter bey dieser Untersuchung ohne irgend eine Leidenschaft, oder Vorliebe, zu Werke gehet, vielmehr die Erforschung der Wahrheit zum einzigen Zwecke hat.

Alsdann wird sich aus solcher Untersuchung die Abfassung des Endurtheils von selbsten ergeben, indem es in peinlichen Sachen hauptsächlich auf Vorstellung der Thatsache ankommt, und durch solche Untersuchung wird auch das Richteramt ehrwürdig werden.

Bey solcher Untersuchung also müssen a) die Fragen deutlich, kurz und bestimmt gesetzt werden. b) In Erforschung der Umstände, muſs anhaltender, oft wiederhohlter Fleiſs, so lange fortgesetzt werden, bis die Umstände ganz klar und deutlich vor Augen liegen. c) Müssen alle arglistige, irreführende Fragen vermieden werden: indem die Pflicht der Untersuchung eben sowohl dahin gehet, den Unschuldigen von Verdacht zu befreyen: als den Verbrecher zu überführen.

§. III.
Erforschung des Corporis delicti.

Sobald der Richter von einer That Nachricht bekommt, so muſs er ungesäumt auf schleunigste, genaue und vollständige Erforschung des Corporis delicti Bedacht nehmen. Bey Mordthaten und Verwundungen muſs sogleich der verpflichtete Physicus und verpflichtete Wundarzt in Gegenwart des Richters nebst dem Actuarius die Section vornehmen, und alles muſs treulich protocollirt werden; hierbey muſs man Bedacht nehmen a) mit welchen Waffen oder Werkzeugen die Wunden verursacht worden? b) seit wie viel Zeit ungefähr die That geschehen? c) welcher Theil, oder welche Theile, und wie sehr sie verletzt worden? d) wie stark und tief die Verwundung gewesen? e) welche Folgen in dem Körper des Verwundeten daraus entstanden? Sollten Physicus und Chirurgus einer

ver-

verschiedenen Meinung seyn: so entscheidet hierüber vor dem Enturtheile eine medicinische Facultät.

Alles dieses muſs sogleich in dem Wundberichte aufgezeichnet werden; wobey anzumerken ist: a) ob die Wunden an sich tödtlich gewesen, oder b) ob sie durch Zufälle gefährlich geworden, und e) worin diese Zufälle bestanden.

Wenn die Thatsache in Diebstahl mit oder ohne Erbrechung, in Verfälschungen, oder sonst in irgend einer boshaften oder nachtheiligen Handlung sich geäuſsert hat; so ist ebenfalls der ernstliche Bedacht zu nehmen, damit man des Corporis delicti, sobald als immer möglich ist, habhaft werde, und dasselbe auf das genaueste beschreibe, in Beziehung auf alle Umstände, welche damit verbunden sind.

Dergleichen Vorfälle sind so unendlich manchfaltig, daſs man sich begnügen muſs, dem Richter folgende Gesichtspunkte bestens anzuempfehlen, daſs er nämlich a) das Corpus delicti immer ansehe als den Punkt von Gewiſsheit, worauf die Verlässigkeit seiner Untersuchung, und die Wahrheit der Thatsache hauptsächlich beruhet. Daſs b) die besondern Bemerkungen in Beobachtung des Corporis delicti den sichersten Anlaſs zu weiteren Erforschungen geben, und daſs c) wenn er hierin etwas verabsäumt, sehr oft ungegründetes Geschwätz einen unschuldigen Inquisiten ins Verderben stürzen kann, und endlich, daſs d) durch solches Versäumniſs die Spuren wirklicher Verbrechen sich sehr oft verwischen.

§. IV.
Nachforschung nach unbekanntem Thäter.

In der Nachforschung nach unbekanntem Thäter, können theils der Fiscal, theils der Richter wichtige Dienste leisten.

Was erstlich den Fiscal anlangt, so liegt ihm besonders ob, a) daſs er sich um alle Umstände des Ermordeten oder Beleidigten erkundige, mit wem er vorher genauen Umgang gehabt, b) ob irgend iemand eine besondere Feindschaft gegen ihn gehabt, c) ob und welchen Anlaſs er dazu gegeben. d) In welchen Geschäften er in den letzten Zeiten verwickelt gewesen.

Diesen Umständen muſs alsdann weiter nachgespührt werden, bis sich ein näherer Grund zu Vermuthungen gibt. Seine Entdeckungen und Bemerkungen zeigt der Fiscal iedesmal sogleich dem Richter an: der alsdann die Spuhr der Wahrheit verfolgt, und hierzu die verhältnifsmäfsigen Mittel anwendet, und zwar a) mit Vernehmung derienigen, welche mit dem Ermordeten oder Beschädigten in Verhältniſs gestanden

den, b) Hausvisitation, c) Durchsuchung der Briefschaften, d) ausführlichen Erkundigungen über alle einzelne Vorgänge, so sich mit dem Ermordeten oder Beschädigten in den lezten Zeiten, vor der That, zugetragen haben. Wenn diese Untersuchungen schleunigst und thätigst vorgenommen werden, so läfst sich auf Entdeckung der reinen Wahrheit Hoffnung machen, besonders a) wenn der Richter eben so sorgfältig ist, den unschuldig befundenen frey zu sprechen, als den wirklich Schuldigen zu entdecken, wenn b) seine Sorgfalt einzig und allein auf Erforschung der Wahrheit gerichtet ist, und wenn er endlich c) alle blofse Vermuthungen gänzlich ausschlägt, aber dagegen um so sorgfältiger jeden *wirklich vorfindlichen Umstand* benützt und nachspührt, der sich aus dem Corpore delicti oder aus den obgedachten Nachfragen wirklich ergeben hat. Bey dieser ganzen Nachforchung ist Verschwiegenheit, und bescheidene Klugheit nöthig, damit Ehre, Vertrauen, und häusliche Ruhe unschuldiger Personen, nicht im mindesten gekränkt werden.

§. V.
Ergreifung des vermuthlichen Verbrechers.

Wenn der Thäter auf frischer That ertappt worden; nicht läugnen kann, oder höchstwahrscheinliche Vermuthungen gegen sich hat; ein unverwerflicher

Zeuge gegen ihn aussagt; vorhergehender Lebenswandel und Umstände der Zeit und des Orts ihn verdächtig machen: so muſs der untersuchende Richter sich sogleich seiner Person versichern. Iedoch muſs, so viel möglich, a) hierbey alles Aufsehen vermieden werden. b) Muſs er zwar hinlänglich und scharf bewacht werden, doch können keine eigentliche Kerker gegen denselben verordnet werden, als bis die Weisung von der obern Gerichtsstelle kommt: und zu diesem Ende c) muſs sogleich bey derselben die nöthige Anzeige geschehen, und d) angefragt werden, wohin und in welches Gefängniſs ein solcher zu bringen sey.

Der Verdacht muſs wirklich stark und auffallend seyn, um einen Inquisiten seiner Freyheit zu berauben, und nebstdem muſs die Besorgung der Entweichung mit eintreten, indem es sonst billiger ist, ihn auf freyem Fuſse zu lassen. Solcher Verdacht wird erregt a) durch Aussagen eines oder zweyer unverwerflicher Zeugen, b) durch verdächtige Briefe oder Waffen, so bey demselben gefunden worden, c) durch Anstalten zur Flucht, d) durch dessen widersprechende und verworrene Aussagen, e) durch äuſsere Merkmahle von Furcht oder Gemüthsverstöhrung, und andere Umstände, die sich nicht alle anführen lassen. Ueberhaupt muſs der Richter in solchen Fällen Scharfsinn, Thätigkeit, und menschenfreundliche

Behut-

Behutsamkeit vereinbaren, damit ihn kein Verbrecher entweiche, und kein Unschuldiger gekränkt werde.

§. VI.
Behandlung verdächtiger Personen.

Bey solchen Personen, welche einigen Verdacht gegen sich haben, der iedoch nicht stark genug ist, um sie in Verhaft zu nehmen; da ist besondere Klugheit und Vorsichtigkeit von nöthen, indem sie sonst aufmerksam werden, und zur heimlichen Entweichung Anlaſs nehmen. Die Aufmerksamkeit des Richters und Fiscals muſs daher a) sehr still und behutsam zu Werke gehen. b) Muſs kein Schritt so leicht geschehen, der sie beunruhigt, oder Miſstrauen erregt. Und wenn c) solche Schritte nöthig sind, wie z. B. Hausvisitation, Protokollarvernehmung, u. s. w.; so muſs man ihnen mit Wahrheit begreiflich machen, daſs solche Schritte nach der Form Rechtens unvermeidlich sind. Uebrigens d) muſs man, so viel es thunlich ist, sie mit wachsamen Auge ganz in der Stille beobachten, ob sie keine Anstalt zur Flucht machen.

Diese Vorsicht ist aus zweyfachen Ursachen nöthig: erstlich, damit kein ungegründetes Aufsehen gegen Unschuldige erregt werde, und damit, zweytens, die wirklich Schuldigen keinen Anlaſs zur wirklichen Entweichung bekommen.

Die nähern Maſsregeln müssen allerdings der Weisheit des Richters überlassen seyn, indem es unmöglich ist, alle erdenkliche Fälle voraus zu schildern.

§. VII.
Vorläufig summarische Abhörung der Zeugen, und derienigen, von denen man Auskunft vermuthet.

So oft eine strafbare Thatsache vorfällt, und der Fiscal dieienigen anzeigt, welche davon einige Wissenschaft haben können, so werden dieselben baldmöglichst von dem Richter vernommen. Hierbey kommt es hauptsächlich auf zweyfachen Gesichtspunkt an: a) welches Vertrauen ein solcher in Beziehung auf persönliche Eigenschaften verdiene, und b) in welchem persönlichen Verhältnisse er mit dem Thäter, oder mit der beleidigten Person stehe. Hieraus werden sich alsdann von selbsten dieienigen Fragstücke ergeben, welche auf Entdeckung der Wahrheit führen.

Bey solchem Verhöre muſs vor allen Dingen der Richter sich die Gedult nehmen, alles ausführlich, vollständig und ganz genau von dem Zeugen erzählen zu lassen, was ihm von der befragten That, und denen damit verwickelten Personen bekannt ist, besonders, was sie mit eignen Sinnen wahrgenommen haben. Aus solcher Erzählung läſst sich alsdann das

Zweck-

Zweckdienliche und Brauchbare auffassen, und gibt zu weiteren Nachforschungen Anlafs.

Bey den Fragen selbst mufs alles sorgfältig vermieden werden, was irgend einer Suggestion gleich sieht; da der Richter sich vor allen vorgefafsten Meinungen sorgfältig hüten mufs, und es lediglich auf reine und vollständige Entdeckung der Wahrheit ankommt.

Vordersamst müssen die allgemeinen Fragen vorher gehen, über Nahmen, Alter, Stand, Wohnort, Aufenthalt etc.

Vor Schliefsung des Protokolls mufs dasselbe noch einmal verlesen und bekräftiget werden; und hiernächst unterzeichnet sich der Inquisitions-Commissarius und der Actuarius.

Vierter

Vierter Abschnitt.
Von dem ersten Verhöre des Beschuldigten.

§. I.
Vernehmung der allgemeinen Umstände.

Dasienige, was im vorigen §. bemerkt worden, ist auch hier in soweit anwendbar, dafs a) der Beklagte vordersamst Nahmen, Stand, Alter etc. aussage, dafs b) man denselben gleichfalls ausführlich und umständlich erzählen läfst, was ihm von Umständen der That, und persönlichen Umständen des Beleidigten bekannt ist. Diese Erzählung mufs, wie gesagt, der Richter mit gröfster Geduld und Gelassenheit anhören, und hiernächst zu Protokoll nehmen. Die Fragen, so sich alsdann ergeben, fliessen a) aus dem Corpore delicti, b) aus den Aussagen der Zeugen, c) aus den äufseren Aussagen und Erzählungen des Beschuldigten.

Die Fragen des Richters müssen alsdann im allgemeinen darauf gerichtet seyn: a) wo Beklagter zu der Zeit gewesen, als die Thatsache begangen worden. b) Wie genau sein Umgang und seine Verhältnisse mit dem Beklagten kurz vor der That gewesen. c) Womit er sich beschäftiget, und wo er gewesen, kurz nachdem die That vollbracht worden.

Uebri-

Uebrigens muſs hier sorgfältigst alle Suggestion vermieden werden; die Fragartikel müssen deutlich, kurz, einfach, bestimmt, zur Sache gehörend, nicht verfänglich, nicht selbstbeantwortend, noch arglistig gestellt seyn. Der Richter darf niemal den Gesichtspunkt verliehren, daſs ihm an der Unschuld des Beklagten eben soviel, als an Bestrafung des Verbrechers gelegen ist. Als ein unabänderlicher Grundsatz bleibt festgesetzt, daſs der Beschuldigte binnen 24 Stunden nach der entstandenen Vermuthung über allgemeine Umstände vernommen werde; zumalen, wenn er in Verhaft genommen worden.

§. II.
Vernehmung über die nähern Umstände.

Aus der Vernehmung allgemeiner Umstände ergeben sich von selbst die Spuhren, die auf nähere Entdeckung der Wahrheit führen. Das Corpus dilicti, und die Zeugen-Aussagen, oft auch die allgemeine Vernehmung des Beschuldigten, werden, soviel möglich, Zeit und Ort der begangenen That vorstellen. Die nähere Untersuchung muſs nun dahin gehen, zu erforschen, wo der Beschuldigte zu derienigen Zeit gewesen, wo die Thathandlung geschehen. Kann er beweisen, daſs er zu der Zeit sich anderwärts aufgehalten, so fällt ohnehin aller Verdacht weg; der sich im Gegentheile vermehrt, wenn er dieses nicht erweisen kann.

In solchen Fällen, wo von Mitwissenschaft oder Veranlassung eines begangenen Verbrechens die Frage ist, kommt es darauf an, in welchen Verhältnissen ein solcher Beschuldigter mit den wirklichen Verbrechern gestanden? Die Vernehmung der nähern Umstände muſs alsdann hiernach gerichtet werden.

§. III.
Gegeneinanderstellung mit Zeugen.

Wenn der Beschuldigte den Aussagen der Zeugen widerspricht, so muſs ihm mit Ernst und Wohlwollen zugeredet werden, der Wahrheit getreu zu seyn: nichts zu bekennen, was ohne wahren Grund zu seinem Nachtheile gereichen kann, aber auf der anderen Seite auch nichts gegen die Pflicht der Wahrheitsliebe zu verhehlen. Hiernächst werden ihm die Zeugen vorgeführt, wo alsdann sorgfältig ihre und seine Gegen-Aeuſserungen zu beobachten sind. Alles dieses wird alsdann zu Protokoll gebracht, und daraus der Grund zum weitern peinlichen Verfahren genommen. Diese Gegeneinanderstellung geschieht ohne Zeitverlust. Ihr Zweck ist Entdeckung der Wahrheit; und sie kann eben sowohl zum Vortheile als zum Nachtheile des Inquisiten gereichen: und mithin durch keine vorläufige Defension abgelehnt werden.

§. IV.

§. IV.
Vorlegung vorkommender Beweiſse.

Dem Beschuldigten werden nicht nur die Zeugen vorgeführt, und ihre Aussagen verlesen: sondern alle andere schriftliche und sonstige Beweiſse werden ihm vorgelegt, und er über derselben Inhalt vernommen.

Diese Vernehmung geschiehet iedoch nicht eher, bis der Richter, soviel möglich, alle dieienigen Zeugen vernommen, und alle dieienigen Beweiſse gesammelt hat, welche die Thatsache in einigem Zusammenhange darstellen.

Sollte iedoch wegen abwesenden Zeugen, oder mühsam zu erhaltenden Beweiſsen, die Sache sich in die Länge ziehen: so ist er von 14 zu 14 Tagen einstweilen über dieienigen Beweiſse und Zeugen-Aussagen zu vernehmen, welche mittlerweile gesammlet worden, und eingekommen.

Fünfter Abschnitt.

Von denen Fällen, wo zu der Verhaftnehmung zu schreiten ist.

§. I.
Von Grund und Veranlassung der Verhaftnehmung.

Die Verhaftnehmung ist nur alsdann nöthig, wenn zu besorgen ist, daſs der Beschuldigte entweiche, und sie ist nur in dem Falle gerecht, wenn gegründeter, groſser Verdacht gegen ihn vorhanden ist.

§. II.
Wer die Verhaftnehmung zu bestimmen habe.

Bey solchen Verbrechen, auf welche Verlust der Ehre und des Lebens gesetzt ist, kann man allerdings erwarten, daſs der Verdächtige entweichen werde. Wenn in solchen Fällen ein unverdächtiger Zeuge oder eigenhändiger schriftlicher Beweiſs nebst sonst wichtigen Vermuthungen vorhanden sind, so kann und muſs der Unterrichter sich sogleich der Person des Beschuldigten versichern, und macht alsbald davon die Anzeige an den Oberrichter. Wenn aber nur schwache Muthmaſsungen vorhanden sind, so kommt ihm diese Verhaftnehmung nicht zu, auſser in dem

dem einzigen Falle, wo der Beschuldigte Anstalten zur Flucht macht, und eben dadurch den Verdacht vermehrt. Ausser diesen Vorfällen wird die Verhaftnehmung nach eingeschickten Akten von der Criminal-Gerichtsstelle verordnet, und das zwar immer mit Vorwissen des Vorgesetzten dieser Stelle.

§. III.
In welchen Fällen Haussarrest hinlänglich ist.

So lange als gegen den Beschuldigten kein voller Beweiſs des Verbrechens vorhanden ist, so soll er blos entweder in seinem Hause, oder in andern Orten, iedoch dergestalt bewacht werden, daſs ihm aller Umgang mit Auswärtigen abgeschnitten bleibt; indem sonst die Untersuchung sehr leicht erschwehrt wird. Diese besondere Kosten der Bewachung müssen von dem Beschuldigten getragen werden. Sollte iedoch sein Vermögen hierzu nicht hinreichen, so wird er zwar in öffentliche Gefängnisse gebracht, iedoch dergestalt, daſs a) ein solches Gefängniſs oder vielmehr Custodie von dem Gefängnisse der erwiesenen Verbrecher ganz abgesondert sey; daſs er darin b) in Absicht auf Wohnung, Bettung, Kleidung und Kost, vollkommen und verhältniſsmäſsig nach seiner gewöhnlichen Lebensart gut gehalten werde.

§. IV.

§. IV.
In welchen Fällen ist Caution hinreichend?

So oft das Verbrechen in Unbesonnenheit oder Saumseligkeit bestehet, und nicht von Arglist und Bosheit die Rede seyn kann; mit einem Worte, so oft von Culpa, und nicht von Dolus die Frage ist, so wird die Caution als hinlänglich angesehen; indem alsdann für den Beschuldigten, weder Leben noch Ehre in Gefahr stehen.

§. V.
In welchen Fällen zum Gefängnisse geschritten wird.

Das eigentliche Gefängnis im strengern Verstande ist für diejenige bestimmt, welche wegen eines boshaften Verbrechens, durch Urtheil und Recht wirklich bestraft werden. Dauer und Verhältnisse dieses gefänglichen Aufenthalts werden nach dem Straf-Gesetze auf diejenige Weise bestimmt, die weiter unten vorkommen wird.

§. VI.
Wie das Gefängnis einzurichten ist.

Es ist bereits oben der Unterschied zwischen Verwahrungsort und Gefängnis bemerkt worden. In dem Verwahrungsorte muſs der Beklagte die nämliche

liche Kost und Wohnungsart geniefsen, die er gewöhnlich zu Hause hat; denn da es noch nicht gewifs ist, ob er ein Verbrechen begangen, so würde es ungerecht seyn, einem Unschuldigen Leiden zu verursachen, und seine Gesundheit in Gefahr zu setzen. Vielmehr müssen ihm Bücher, Schreibzeug, und sonst unschädlicher Zeitvertreib nach seiner Neigung vergönnt seyn.

Ganz anders verhält es sich mit dem Gefängnifse. Dahin kommen nur solche, welche auch wirkliche Verbrecher sind, und als solche bestraft werden, und so müssen sie sich ihre Leiden selbst zuschreiben. Doch auch hierin mufs Menschlichkeit herrschen, und im zweyten Theile wird in Betreff der Straf-Gesetze das nähere hierüber bestimmt werden.

Sechster Abschnitt.

Der Unterschied zwischen den besondern und allgemeinen Untersuchungen wird aufgehoben.

§. I.

General- und Special- Untersuchung.

Der Unterschied zwischen General- und Special-Untersuchung, soll von nun an sowohl in seiner Form, als in seinen Würkungen ganz aufgehoben seyn. Der Beklagte werde entweder als Verbrecher, oder als unschuldig angesehen. Niemahls anders als durch richterliches Urtheil werde er als schuldig erklärt. Bis dahin soll er als unschuldig, angesehen werden. Bis dahin ist auch sein Gefängnifs blos als Verwahrungsort, nicht als Straf-Kerker anzusehen. Uebrigens fliefst allerdings aus dem Gange der Criminal-Untersuchung erst die Frage, und ist zu untersuchen: *ob er das Verbrechen begangen habe,* und dann wird es erörtert: *wie, warum, und mit wessen Beyhülfe die Thatsache geschehen.* Aber alles dieses sind nur Theile eines einzigen Untersuchungs-Geschäfts, das künftig nicht mehr durch den Unterschied zwischen General- und Special-Inquisition getrennt werden soll, indem alle Umstände eines Verbrechens genau zusammen hängen, und durch diesen Unterschied der Gang der Unter-

Untersuchung ohne allen Nutzen erschwert wird, und in der *levis notae macula* und allen bisherigen Folgen der Special-Untersuchung eine unerschöpfliche Quelle von Ungerechtigkeiten liegt.

§. II.
Von den Mitteln, deren sich Abwesende oder Entwichene bedienen können.

Wenn die Abwesenden oder Entwichenen durch öffentlichen Ruf erfahren haben, von welchem Verbrechen sie angeschuldiget worden: so ist es ihnen erlaubt, ihre Rechtfertigung einzuschicken.

Der Richter soll ihre Gründe prüfen, so gut als wenn sie anwesend wären. Sind diese Gründe hinlänglich, so sind sie als unschuldig zu absolviren.

Sind sie nicht hinlänglich, so sind sie feyerlich vorzuladen, und, so viel möglich, durch Requisition in Verhaft zu bringen, und beyzuschaffen.

Wenn man ihrer nicht habhaft werden kann, so wird dem Abwesenden oder Entwichenen ein Defensor *ex officio* verstattet, und übrigens wird hiernächst in der Untersuchung in Contumaciam eben so fortgefahren, als wenn er anwesend wäre.

Wenn ein solcher Abwesender iemanden auftragen will, für ihn zu sprechen, so ist auch dieser anzuhören; sobald aber die persönlichen Antworten des Beschuldigten ohnentbehrlich sind: so wird das Contumaz - Verfahren, und die feyerliche Vorladung fortgesetzt.

Wenn man seiner später habhaft wird, oder er zurücke kommt, so bleibt ihm allemal erlaubt, sämmtliche Akten einzusehen, und einen Defensor sich auszubitten, auch alles dasienige vorzubringen, was zu seiner Rechtfertigung dienen kann. Wird er alsdann unschuldig befunden; so heben die Gerichte das vorhergehende Contumaz - Urtheil vollständig auf.

Uebrigens wird dieses Contumaz - Urtheil auch während seiner Abwesenheit nur in der Mafse abgefafst, als vorliegende rechtliche Beweise eine Entscheidung gegen ihn erfordern; und wird die Entweichung an sich, ihm nicht als ein Verbrechen zugerechnet.

§. III.
Von dem Geleite der Abwesenden Beklagten, und dessen Folgen.

So oft der Abwesende ein sicheres Geleite verlangt, und man seiner sonsten nicht habhaft werden kann,

kann, so ist ihm dasselbe auf eine Zeit von vier Wochen zu verstatten.

Während dieser Zeit kann er hin und her reisen, und auf freyem Fuſse bleiben, um seine Rechtfertigung vorzubringen. Wenn diese Zeit verstrichen ist, so kann die Gerichtsstelle wieder alle ordentliche Mittel anwenden, um seiner habhaft zu werden. Dahin kann man rechnen: a) Erkundigung seines Aufenthalts, b) Ergreifung seiner Person in eigenem Gebiete, c) Requisition an auswärtige Landesherrn oder Gerichte, d) Bestrickung seines Vermögens in so weit es zu Gerichtskosten und Entschädigungen des beklagten Theils nöthig ist. Da dieses ganze Criminal-Recht äuſserst billig ist, so kann das *Ius asyli* ganz aufgehoben; und wo dieses nicht möglich ist, sehr eingeschränket werden.

Siebenter Abschnitt.

Nöthige Besorgungen bey der Untersuchung.

§. I.
Entwerfung der Inquisitions-Artikel.

An guter Auswahl der Inquisitions-Artikel ist sehr viel gelegen, indem es darauf ankommt, durch Erforschung genauerer Umstände den Grad der Bosheit, oder die Stärke der Entschuldigungs-Gründe vollständig zu erörtern. Die Untersuchung muſs eigentlich diejenigen Gründe der Untersuchung an Handen geben, welche den Richter in Abfassung des Endurtheils bestimmt.

Da also die Inquisition diesen Zweck hat, so müssen a) aus den Akten des ersten summarischen Erkenntnisses diejenigen Umstände ausgehoben werden, welche besonders den Verdacht der vorsetzlichen Bosheit vermehren. b) Dahin gehören folgende Umstände: 1) ob und wie lange Delinquent den Vorsatz des Verbrechens bey sich gehabt, 2) ob er sich kaltblütig besonders überdachter List bedient, 3) ob er solche Schritte dabey unternommen, welche eine groſse Kühnheit und Vermessenheit voraus setzen, 4) ob das Verbrechen eine Folge vorhergegangener Leidenschaft

schaft gewesen, und welcher? 5) Ob Delinquent eine gute Erziehung genossen, und deutliche Begriffe moralischer Pflichten habe, 6) worin sein vorhergegangener *Lebenswandel bestanden*, ob und welche übele Gewohnheiten bey ihm eingewurzelt, 7) ob Delinquent mit guten Verstandes-Kräften begabet, 8) wie seine Gemüthsart beschaffen, 9) ob sein Körperbau ihn nicht zu gewissen Lastern anreitze, wozu z. B. Gallsucht und Hypochondrie zu Rache und Hafs, dagegen aber das sanguinische Temperament zu sinnlichen Fehlern geneigter machen. Die Inquisition mufs nicht nur diese Gegenstände selbst, sondern auch deren Stufen herzustellen suchen. Denn hieraus wird sich ergeben, c) in welchem Grade das Verbrechen an sich sträflich sey, und wie sehr der Verbrecher für den Staat, auch für die Zukunft gefährlich werden könne. d) Bey der Inquisition ist der Grundsatz zu beobachten, dafs der Inquisitor den Delinquenten vollkommen ausreden lasse, indem aus eigener vollständiger Aussage das meiste zu entnehmen ist. Und daher können auch alsdann weitere Fragstücke und Artikel genommen werden. Diese Fragen müssen, wie bereits oben bemerkt worden, kurz, deutlich, einfach, zur Sache gehörend, weder listig, noch *suggestiv* seyn, und müssen blos auf Entdeckung der Wahrheit abzielen; mithin eben sowohl auf Rechtfertigung des Unschuldigen, als auf Ueberführung des Verbrechers leiten.

§. II.
Vom Betragen des Richters bey der Inquisition.

Die Gemüthsverfassung des Richters muſs lediglich dahin gerichtet seyn, daſs er die Wahrheit vollständig und unpartheiisch erforscht; und er muſs daher eben so eifrig seyn, die Entschuldigungs-Gründe zu entdecken, als diejenigen Umstände zu erforschen, die den Verbrecher sträflicher machen.

Mit dem Inquisiten muſs er zugleich menschenfreundlich, und mit dem Ernste der richterlichen Würde verfahren. Als Mensch ist es natürlich und billig, dessen unglückliche Lage und stufenweise Verirrungen zu bedauren. Und als Richter muſs er darauf denken, daſs öffentliche Ruhe und Sicherheit die Bestrafung und Entfernung gefährlicher Verbrecher erfordern. Bey der Inquisition müssen daher zwey Richter gegenwärtig seyn, damit einer den andern mäsigen könne.

§. III.
Von Verhörung der Mitschuldigen.

Dasjenige, was in den Artikeln gegen den Hauptverbrecher gesagt worden, ist verhältnismäſsig auch in Beziehung auf die Mitschuldigen passend. Insbesondere jedoch ist zu befragen, a) ob diese Mitschuldige die Hauptverbrecher verführet haben? oder b) ob sie von ihm

ihm verführet worden, c) welchen Theil sie an der Vorbereitung und Ausführung des Verbrechens genommen haben, d) welcher Grad von Bosheit in ihrem Verbrechen vorleuchte, und e) durch welche Stufen sie zur Theilnehmung an solchem Verbrechen verleitet worden.

§. IV.
Von Untersuchung gegen Taube und Stumme.

Im Falle die Verbrecher taub oder stumm sind, so müssen die Verbrechen durch Zeugen und andere Beweifse erörtert werden. Alsdann muſs man, so viel möglich, ihnen die Beschuldigungen begreiflich machen: wenn ihre Winke hierauf nicht volkommen verständlich sind, als wie z. B auf das bejahende, Kopfnicken, oder das verneinende, Kopfschütteln, so soll wegen der Ungewiſsheit gar keine Rücksicht genommen werden; welches um so mehr thunlich ist, da nach gegenwärtiger Kriminal-Ordnung das Geständniſs der Delinquenten nicht gefordert wird. Wenn ein Inquisit die gesetzte Frage nicht verstehet: so muſs ihm dieselbe von dem Inquisitor durch andere Worte und einfache Beyspiele deutlich gemacht werden: überhaupt müssen die Fragen in populären Ausdrücken nach algemein angenommenem Sprachgebrauche abgefaſst werden. Die Erläuterung der Frage wird gleichfals in dem Protocolle bemerkt.

§. V.

§. V.
Von einem hartnäckigen Inquisiten.

Der Inquisit ist dem Richter Rede und Antwort schuldig. Zwar kann ihm keineswegs vorgeschrieben werden, wie er antworten solle, doch verdient er mit Recht bestraft zu werden, wenn er gar nicht antwortet. Hierzu ist es erlaubt, sich bey der Inquisition gelinder, der Gesundheit nicht schädlicher, Strafmittel zu bedienen; z. B. geringere Kost, härteres Nachtlager u. s. w., auch wohl einige Schläge, welches alles iedoch keine Tortur ist, noch in dieselbe ausarten darf; sondern es ist eine wörtliche Bestrafung der geäuserten Hartnäckigkeit, welche auch ein Verbrechen ist. Diese Strafe darf iedoch nicht von dem Inquisitor angesetzt werden; sondern er muſs vorher bey der Gerichts-Stelle anfragen, welche darauf beschlieſst, auch sollen ihm während dieser Bestrafung keine Fragen gestellt werden, sondern nach Vollendung solcher Strafe, wird die Untersuchung fortgesetzt.

§. VI.
Fortgang und Beſchlieſsung der Inquisition.

Auf obgedachte Weise wird das Verfahren fortgesetzt, bis alle Artikel der Inquisition erörtert und erschöpft sind. Die Protokolle werden dem Inquisiten iedesmal vorgelesen: wenn die Untersuchung geendet ist, so werden die Akten in dessen Gegenwart

wart inrotulirt; ihm und seinem Defensor wird deren Einsicht verstattet. Hiernächst werden die Akten nebst der Defensions-Schrift den Gerichten zu Abfassung des Endurtheils zugestellt, welches wenigstens binnen 4 Wochen zu verfertigen ist.

Achter Abschnitt.
Von Rechtfertigung des Beklagten.

§. I.
Dessen Defensions-Schrift.

Nach dem Schlusse der allgemeinen Untersuchung giebt der Beklagte eine Defensions-Schrift ein.

Auf diese letztere Defensions-Schrift kommt mithin für das Schicksal des Beklagten sehr vieles an. Es ist ihm daher a) die gänzliche Einsicht aller Untersuchungs-Akten und Beweise zu gestatten. b) Die Auswahl eines Defensors ist ihm gänzlich überlassen, er sey einheimisch oder auswärtig. c) Ist ihm gleichfalls vergönnt, sich zwischen vier Augen mit dem Defensor zu berathen. d) Die Vorlesung der Defensions-Schrift, die Ablesung und Abfassung des Endurtheils, geschiehet öffentlich. e) Die

e) Die deſsfalls abgefaſste Relation mit Vor- und Gegengründen wird durch den Druck bekannt gemacht, f) jedoch leidet dieses eine Ausnahme in den Fällen, wo die Frage von dem Laster der Unzucht ist, wie weiter unten vorkommen wird. g) Aber auch in diesen Fällen ist den nahen Anverwanden oder Freunden des Verbrechers die Einsicht verstattet, wenn es Leute in gesetzten Jahren, und von bekannter Rechtschaffenheit sind. h) Zu Verfertigung dieser Defensions-Schrift wird eine Frist von 6 Wochen verstattet.

§. II.
Von den Anwälden.

Wenn der Verbrecher nicht selbst einen Defensor in Vorschlag bringt, so muſs ihm derselbe von dem Richter zugegeben werden. Hierbey ist auf einen Mann von bekannter Rechtschaffenheit und vorzüglichen Einsichten zu sehen.

Sollte der Verbrecher einen Defensor selbst wählen, der diese Eigenschaften nicht besitzt; so ist ihm zwar dieses nicht zu verwehren, und derselbe mag eine Defensions-Schrift so gut verfertigen, als er nur immer kann. Aber nebstdem, ist ihm in solchem Falle noch ein Defensor ex officio zuzugeben, welcher seine besondere Defensions-Schrift macht: damit nichts vergessen werde, was zur Rechtfertigung

gung und Entschuldigung des Verbrechers beytragen kann.

Alle Defensoren werden für ihre Bemühung von dem Fiscus entschädigt, wenn der Verbrecher kein eigenes Vermögen hat.

§. III.
Mittheilung der Akten.

So nöthig Heimlichkeit und Beschleunigung währender Untersuchung sind: eben so wichtig und nothwendig ist Publicität und öffentliches Vertrauen, sobald die Akten geschlossen sind. Daher sind a) alle solche Akten ohne Anstand dem Defensor zur Einsicht vorzulegen. b) Bey dieser Vorlegung kann der Verbrecher gegenwärtig seyn, und mit Einsicht nehmen. c) Diese Vorlegung geschiehet bey offenen Thüren, und ieder Fremde kann davon Zeuge seyn. Iedoch d) muſs eine Gerichtsperson immer mit anwesend seyn.

§. IV.
Von Vertheidigungs-Schriften.

Die Defensions-Schriften a) sollen in §phen eingetheilt seyn, b) sollen die nämlichen Gegenstände in der nämlichen Ordnung vorgelegt werden, welche oben in den Artikeln der Inquisition vorkommen; c) sollen die Defensoren hauptsächlich auf Entwickelung

lung derjenigen Umstände und Thatsachen ihr Augenmerk richten, welche zur Entschuldigung und Rechtfertigung des Verbrechers mit beytragen können.

d) Doch bleibt ihnen unbenommen, auch Rechtsgründe und Meynungen bewährter Rechtsgelehrten mit anzuführen; und auch solche Umstände vorzutragen, auf welche die Inquisitions-Artikel keine Beziehung haben.

§. V.
Von Fristen zur Vertheidigung.

Eine Zeit von 6 Wochen ist hierzu bestimmt. Sollten rechtfertigende Erläuterungen von entfernten Gegenden einzuholen seyn: so muſs um solche Frist-Verzögerung besonders angehalten werden; jedoch ist höchst selten eine Fristverlängerung von zwey bis drey Monaten zu verstatten.

§. VI.
Von weiterer Vertheidigung.

Wenn das Endurtheil gesprochen ist, so kann der Verbrecher eine anderweite schlieſsliche Vertheidigung begehren. Diese wird ihm alsdann von der Regierung ertheilt; wobey, wenn er es verlangt, ein anderer Defensor verstattet wird.

Die Regierung ist in solchen Fällen alsdann die höchste Iustizstelle; sie kann das Urtheil der Gerichte

richte nicht schärfen, wohl aber mildern, doch immer nur in der Maaſse, daſs auf Verbrechen der Bosheit allemahl stärkere Strafen bleiben müssen, wie weiter unten vorkommen wird. Wenn dieses geschehen, so kann der Verbrecher nochmalen um Begnadigung bey dem höchsten Landesherrn einkommen.

Neunter Abschnitt.
Von Prüfung der Untersuchungen, ehe das Endurtheil abgefaſst wird.

§. I.
Von Schlieſsung der Untersuchung.

Vollständigkeit, Gründlichkeit, und Deutlichkeit, müssen der Grund und die Eigenschaft einer ieden Untersuchung seyn. Dieses dreyfache Erforderniſs muſs daher den Inquisitor bey Ausführung seines Geschäfts beständig beleben. Erstens, die Vollständigkeit erfordert, daſs alle und iede wesentliche Umstände der Inquisitions-Artikel durch alle thunliche Mittel und Wege erforscht werden, wobey iedoch sehr darauf zu sehen, daſs man sich nicht in unnöthige Weitläuftigkeiten verwickele, welche gar nicht auf den Zweck führen. Und eben deswegen

muſs, zweitens, alles dasienige beseitigt und übergangen werden, welches auf bloſse Schwätzereyen und unwahrscheinliche Vermuthungen hinausläuft. Dagegen,

drittens, muſs die Deutlichkeit der Wahrheit, in Herstellung solcher Umstände, um so einleuchtender seyn, welche wesentlich auf Milderung oder Schärfung eines Urtheils Beziehung haben; und auf die es in der Zurechnung hauptsächlich ankommt.

Wenn die Mittel zu Erforschung einzelner Wahrheiten so entfernt und mühsam zu erhalten sind, daſs Iahrelang darüber hingehen könnten, so müssen dergleichen Gegenstände ausgesetzt bleiben und man muſs diejenigen Gegenstände erforschen, deren Beweise näher liegen; wobey immerhin keine Ungerechtigkeit zu befürchten ist; weil das Endurtheil nur solches Verbrechen bestrafen kann, welches vollkommen erwiesen ist; und man die andern lieber bis auf weitere Prüfung ungeahndet läſst.

Wenn das alles geschehen, so ist die Schlieſsung der Untersuchung vorzunehmen, und nach geschehener *Inrotulation* und eingereichter Defensions-Schrift, werden die Akten zur *Relation* ausgestellt.

§. II.

§. II.
Pflichten des Referenten.

In der Relation muſs a) ein getreuer vollständiger *Extractus Actorum* vorher gehen. b) Hiernächst müssen die Gründe der Defensions-Schrift genau geprüft werden. c) Alsdann setzt der Referent in seiner Relation die Zweifels- und Entscheidungs-Gründe auseinander, untersucht darin d) ob nichts gegen die Formalitäten verfehlt worden, und besonders e) ob das *Corpus delicti* hergestellt ist, und f) ob alle Rechtfertigungsmittel dem Inquisiten verstattet worden, alsdann g) trägt er nochmalen in gedrungener Kürze, die vollständig erwiesene Thatsache vor, vergleicht dieselbe h) mit den Ausdrücken des Kriminal-Gesetzes, prüfet ferner i) in wie weit die Umstände der Zurechnung eine Milderung veranlassen, und beschließt alsdann seine Relation k) mit dem Vorschlage der anzusetzenden Strafe, und dem Entwurfe des Endurtheils.

§. III.
Pflichten des Korreferenten.

Der Korreferent macht eben solche vollständige Relation, wie der Referent. Dessen Relation wird gleichfalls nach der Relation des Referenten im Gerichte verlesen: und erst alsdann wird darauf von den Beysitzern votirt und beschlossen. Weder Referent noch Korreferent dürfen vorher von der Meinung des andern das mindeste wissen: noch soll einer dem andern seinen *Extractus Actorum* mittheilen.

Damit wegen dieser doppelten Arbeit keine allzugrofse Verzögerung veranlafst werde: so soll der Referent sogleich dem Korreferenten sämtliche Akten zuschicken, sobald sein *Extract* der Akten verfertiget ist.

Beide Extracte der Akten und Relationen, sowohl des Referenten als Korreferenten, so wie auch die Defensions-Schriften, werden durch den Druck bekannt gemacht.

§. IV.
Pflichten des Präsidenten.

Der Präsident ernennt den Referenten und Korreferenten. Er siehet scharf darauf, dafs in dem peinlichen Verfahren die vorgeschriebene Ordnung pünktlich und genau befolgt werde. Er sammelt die Stimmen; hält darauf, dafs ieder nach seiner Ordnung votire, und dafs überhaupt Unpartheylichkeit, Pünktlichkeit, und Ordnung beobachtet werde.

§. V.

§. V.
Prüfung, Vergleich- und Abwiegung der Beweise.

In so wichtigen Gegenständen, als Leben, Ehre, Freiheit und Vermögen der Menschen ist, werden die Mitglieder der Gerichte ohne Zweifel allen Scharfsinn und alle Geistesgaben anwenden, um soviel möglich die Pflichten der Gerechtigkeit genau und pünktlich zu erfüllen; als worauf sich öffentliche Ruhe und Sicherheit gründen.

Dem Director liegt hauptsächlich ob, alle wesentliche Umstände und Entscheidungsgründe in seiner Abstimmung zusammen zu fassen.

Hiernächst wird von unten herauf votirt, und alsdann der Schluſs gefaſst.

Die Publicität dieser Handlung wird hier um somehr Feyerlichkeit, Vertrauen und Wirksamkeit bey dem Publicum, und Achtung für die Verdienste der Richter geben. Daher sollen beyde Relations-Erstattungen, Abstimmung der Assessoren, und Fassung des *Conclusi*, bey offenen Thüren geschehen; wovon das Publikum einige Tage vorher, durch öffentliche Anzeigen zu benachrichtigen ist. Den ersten oder zweyten Tag in jedem Monate wird eine eigene Sitzung über Criminal-Gegenstände bey offenen Thüren gehalten. In besondern Fällen, wo mehrere Sitzungen nöthig sind, werden auch diese veranstaltet.

Zehnter Abschnitt.
Von Beweissen.

§. I.
Von Zeugen.

Das Vertrauen auf die Rechtschaffenheit zweyer Personen von reifern Iahren, untadelhaften Sitten, gesundem Verstande, ist der sicherste Beweiſs von der Wahrheit einer Thatsache, die man in menschlichen Verhältnissen haben kann; wenn sie nämlich bey dieser Aussage für ihre Person weder gewinnen noch verlieren.

Bey solchen Zeugenaussagen kommt es hauptsächlich auf dasienige an, worin sie a) unter sich einstimmig sind, b) was sie mit oder durch eigene Sinnen wahrgenommen, und nicht c) durch andere, oder Hörensagen erfahren haben. d) Die Zeugnisse von Hören-

Hörensagen geben lediglich Anlaſs zu Vermuthungen und weiteren Untersuchungen. e) Iedes gerichtliche Zeugenverhör muſs mit groſsem Ernste, Würde und Feyerlichkeit vorgenommen werden. Zu dem Ende f) wird von dem *Commissarius* die Wichtigkeit des gerichtlichen Zeugnisses vorgetragen, dabey bemerkt, wie schwer die Verantwortung eines falschen gerichtlichen Zeugnisses vor Gott und den Menschen sey, und hinzugefügt: daſs sein Zeugniſs an Eydesstatt abgelegt werden solle, volle Beweiſskraft habe, und ein solches falsches Zeugniſs eben so, wie ein boshafter Meyneid und Verläumdung, bestraft werden würde, und daſs er überdies dem unschuldig Beklagten Entschädigung zahlen müsse. g) Hierauf sagt der Zeuge umständlich, in ausführlicher Erzählung, was ihm von der Sache bewust sey: welches hiernächst h) in allen wesentlichen Punkten wiederholt, und laut zum Protokolle diktirt wird. i) Das Protokoll wird alsdenn den Zeugen verlesen, und von ihnen selbst unterzeichnet.

§. II.
Von der Eydesleistung.

Da die Zeugenaussagen auf obige Art rechtliche Beweiſskraft haben, so ist die Eydesleistung in manchen Fällen unnöthig: und ohne Noth dürfen die Eyde nicht vervielfältigt werden. Wenn iedoch der Beklagte, nachdem ihm die Zeugenaussagen vorgelegt worden,

worden, deren Bestärkung verlangt: so sollen die Eydesleistungen wirklich vor sich gehen. Alsdann muſs ein solcher Zeuge, durch seinen Seelsorger von der Wichtigkeit des Eydes, und der Anrufung des göttlichen Namens unterrichtet werden. Die Eydesleistung geschiehet alsdann kniend, auf das Evangeliumbuch, bey brennenden Wachskerzen und vorstehendem Crucifixe; auch werden allemal bey schweren Verbrechen vor Abfassung des Endurtheils, die Zeugen vorgeladen, um ihre Aussagen eydlich zu bestärken, damit der Beweiſs alle immer mögliche Gewiſsheit erhalte.

§. III.

Von Umständen, die sich zur Zeit des Verbrechens zugetragen haben.

Alles dasienige, was zu der Zeit, und an dem Orte der geschehenen Thatsache vorgegangen, ist von gröſster Wichtigkeit zu Aufklärung der Wahrheit. Denn da alle Ereignisse in der Welt mit nächst daran geschehenen Vorfällen innigst zusammen gekettet sind, so kann ein Schritt auf den andern führen, und als Spuhr zu Entdeckung der Wahrheit am sichersten dienen. Wenn einmal Zeit, Ort und Umstände der begangenen Thatsache zuverläſsig hergestellt sind: so ist genau zu erforschen, a) wer zu dieser Zeit an dem Orte, oder nächst daran gewesen. b) Was er allda zu thun gehabt.

gehabt, c) in welchem Verhältnisse er mit dem Beleidigten gestanden. d) Wenn der Beklagte läugnet, daſs er zu der Zeit an dem Orte gewesen, so muſs er beweisen, wo er sich zu der Zeit aufgehalten, u. s. w.

§. IV.
Von vorhergehenden, und nachfolgenden Umständen.

Wenn dasienige sorgfältigst untersucht worden, was an Ort und Zeit der geschehenen Thathandlung vorgegangen, und noch Dunkelheit übrig bleibt: so werden nächst vorhergehende, und nächst folgende Umstände mit der nämlichen Genauigkeit erforscht; denn da iede Thathandlung mit vorhergehenden und nachfolgenden Umständen genau und unzertrennlich verbunden ist; und iede Thatsache Wirkung vorhergehender Ursache und Ursache nachfolgender Umstände ist: so kann sich Licht der Wahrheit über Schuld oder Unschuld des Beklagten verbreiten, wenn genau erforscht wird: a) in welcher Gemüthsverfassung der Beklagte kurz vor, und kurz nach der Thathandlung gewesen, b) in welchen Verhältnissen er gestanden, c) was er gesprochen, woher er gekommen, wohin gegangen, u. s. w.

§. V.
Von Angebung des beleidigten Theils.

Der beleidigte Theil kann in eigner Sache keinen gründlichen Beweis führen: wohl aber kann er von dem Beklagten die Eydesleistung verlangen; welche alsdann weder dem Kläger noch Beklagten an der Ehre nachtheilig seyn solle: indem wirklich die Sinne trügen können, und es möglich ist, dafs sich der Kläger in dem Verdachte gegen den Beklagten geirret habe.

Uebrigens sind alle Anzeigen und Aussagen des beleidigten Theils sorgfältig und genau zum Protokolle zu nehmen. Sie geben Anlafs zu weiteren Untersuchungen: und wenn auch der Beleidigte anfangs keine vollständige Beweise beybringen kann, so wird es oft aus dem Zusammenhange der Umstände möglich, dafs der Richter solche Beweise *ex officio* entdecke, oder dafs der Fiscal durch seine Nachforschungen und Anzeigen dazu Anlafs gebe. Besonders mufs das Angeben des Beleidigten über folgende Gegenstände genau aufgezeichnet werden; a) in welchen Verhältnissen er mit dem Beklagten gestanden, b) welche Ursachen der Thathandlung er vermuthe, c) welche vorhergehende und nachfolgende Umstände ihm bekannt worden. d) Hierbey hat der Richter in der

Stille

Stille auch sein Augenmerk zu richten, was von der Glaubwürdigkeit des Beleidigten zu halten ist.

§. VI.
Von äufsern Angebungen, und von solchen Zeugen, die nicht genannt seyn wollen.

Der öffentliche Ruf ist in manchen Fällen Schwätzerey, in manchen aber auch verbreitete Wiederholung einer wahren Aüfserung. Als eine Spuhr zu Entdeckung der Wahrheit muſs derselbe nicht ganz vernachläſsigt werden. Sobald das *Corpus delicti* hergestellt ist: so muſs man diesem Rufe auf folgende Weiſse nachforschen: a) man vernimmt den ersten, besten, von wem er die Erzählung gehört. b) Alsdann wird iener vernommen, c) und so immer weiter, bis man auf den Ursprung des Gerüchtes kommt.

Was dieienigen anlangt, die ihren Namen nicht wollen genannt haben, so kann dieser in so lange verschwiegen bleiben, als sie gar nichts beweiſsen, und zu blosen Nachforschungen und Vermuthungen Anlaſs geben. Finden sich nachher vollständige Beweiſse, so kann ihr Name immerhin verschwiegen bleiben. Finden sich aber keine Beweiſse, und es zeigt sich ganz gewiſs, daſs ihre Anzeige eine boſshafte

hafte Erdichtung gewesen, so sind sie dem Beklagten eine Entschädigung schuldig, wenn er an Vermögen und Ehre durch ihre Anzeige Nachtheil erlitten hat, und überdies werden sie als Verläumder bestraft. Wenn ferner ihre Anzeige als eigentliches Beweismittel zu Erforschung der Wahrheit nur im mindesten nöthig ist: so darf ihr Name durchaus nicht verschwiegen bleiben, sondern ihre Aussagen werden dem Beklagten vorgelegt; sie werden ihm, wenn es nöthig ist, entgegen gestellt, und ihr Zeugniſs macht einen Theil der Akten aus.

§. VII.
Von Beweiſsen durch Schriften und andere Merkmale.

Die Beweise durch Schriften und andere Merkmale der geschehenen Thathandlung sind sehr oft äuſserst wichtig, und müssen schleunigst, und mit möglichstem Scharfsinne erforschet werden. Daher ist es so nöthig a) alle Papiere des Beklagten mit genauester Sorgfalt einzusehen. b) Dessen Geräthschaften und Kleidungsstücke äuſserst genau zu betrachten und zu durchforschen. c) Seine Wohnung sorgfältigst zu durchsuchen. d) Alles mit möglichstem Scharfsinne zu betrachten, was sich an dem Orte der geschehenen Thathandlung entdecken läſst. Z. B. Fuſstapfen, woher sie kommen, wohin sie führen; Merkmale von versuchtem Einbruche, u. s. w. In Betreff der Briefschaften ist sowohl auf die Gewißheit der Handschriften, als auch auf den Zusammenhang der Umstände zu sehen.

§. VIII.
Allgemeine Bemerkungen von Beweisen überhaupt.

In den Beweisen müssen die Kriminal-Richter und die Gesetze so viele Gewißheit und Schärfe suchen, als nur immer zu erreichen möglich ist. Diese Gewißheit läßt sich in theoretischen Schlüssen der Mathematik und Metaphysik bis zur höchsten Vollkommenheit bringen. Sobald aber von Anwendungen die Rede ist: so muß man sich begnügen, dieser Vollkommenheit so nahe zu kommen, als es die menschliche Natur erlaubt. Denn da die Sinnen beschränkt, und dem Irrthume unterworfen sind: so läßt sich der äußerste Grad der Gewißheit nicht erreichen. Derselbe ist auch überhaupt im praktischen Leben eben so wenig möglich, als er nothwendig ist. Der gesunde Verstand und die Erfahrung beweisen, daß man hinlänglich gesichert ist, und die Wahrheit, so viel nöthig ist, wird erreicht, wenn man alle mögliche Mittel anwendet, um den Betrug der Sinnen zu vermeiden, und vernünftige Gründe, so viel immer möglich ist, zu sammlen.

Von Beweisen.

Hierauf gründen sich nun die Gesetze und Rechtslehren, von Beweisen in Kriminal-Sachen, und zwar:

1) Kann der Betrug der Sinne, wenn sie in dem Zustande der Gesundheit sind, auf keine Weise besser entdeckt werden, als durch wiederholtes Anschauen oder Anhören. Da dieses nun bey vorübergehenden Thatsachen nicht möglich ist, so haben dagegen die Gesetze verordnet, daſs das Zeugniſs zweyer oder mehrerer Zeugen zum vollkommenen Beweise nöthig ist. Und daſs Ein Zeuge zwar eine starke Vermuthung, aber keinen vollen Beweis geben kann.

2) In dem moralischen Gefühle der menschlichen Natur liegt es, daſs jeder unverdorbene Mensch lieber die Wahrheit als Unwahrheit bezeugt, wenn ihm dadurch weder Vortheil noch Schaden persönlich zugehet. Hieraus folgt a) daſs iedes unpartheiische Zeugniſs Glauben verdient, daſs aber b) derienige durchaus keinen Glauben verdient, welcher durch boshafte Handlungen und lasterhaftes Leben beweiſst, daſs das moralische Wahrheits-Gefühl in ihm erstickt ist. Und deswegen ist es auch so wichtig, daſs boshafte Verbrecher und sträflich Lasterhafte, von gerichtlichen Zeugnissen ausgeschlossen werden.

3) Die

3) Die größte Verstärkung der Wahrheitsliebe eines Zeugen, ist mit Recht in der Religion zu suchen: und nichts kann der Pflicht der Rechtschaffenheit eine größere Stärke geben, als daß Gott, der ewige Vergelter der Tugend und Bestrafer des Bösen, dabey angerufen wird. Hierinn liegt der Grund der Eydesleistung, welcher die Glaubwürdigkeit eines Zeugnisses eben dadurch unendlich verstärkt, weil jeder Mensch natürlicherweise ein unendlich großes Verlangen nach ewiger Glückseligkeit hat.

4) Die Beweise durch Urkunden oder sonstige sichtbare Thatsachen, beruhen gleichfalls auf dem Augenscheine. Und auch hierin haben die Gesetze weislich vorgeschrieben, daß nicht blos eine, sondern mehrere Personen bey diesem Erkenntnisse mitwürken. Eben deswegen sind Commissarius und Actuarius, und in manchen Fällen Amtsphysicus und Chirurgus nöthig. Und eben deswegen müssen alle Fälle und Umstände, die dahin einschlagen, ausführlich und genau zergliedert werden.

5) Höchstwichtig ist das vortrefliche Gesetz: daß ein *Corpus delicti* ohnumgänglich nöthig ist. In so wichtigen Sachen, wie die Criminal-Untersuchungen sind, muß man so viele Gewißheit hinein bringen, als nur immer möglich ist. Und eben durch das *Corpus delicti* wird die Gewißheit der That-

handlung so vollkommen hergestellt, als nur immer möglich ist.

6) Bey allem dem ist es gut, wenn der Commissarius in Criminal-Sachen alle mögliche Klugheit anwendet, um die Wahrheit in ihrer ganzen Reinheit und möglichster Gewißheit zu entdecken. Dieses geschiehet, wenn er die wichtige Wahrheit immer vor Augen hat, daß auf Umstände der Zeit und des Orts unendlich viel ankommt. Denn in einem gegebenen Momente und gegebenen Platze, kann nur eine und gerade nur diese Handlung vorgehen. Bey Verbrechen, wo keine Zeugen zugegen waren, kommt es hauptsächlich darauf an, aus vorhergehenden und nachstehenden Umständen, und aus allen, was an Ort und Stelle vorgefunden worden, zu beweisen: daß kein anderer, als grade *dieser der Thäter* seyn oder nicht seyn könne. Wenn dieser Beweis unmöglich ist, aber höchststarcke Vermuthungen vorhanden sind; so kann das freymüthige Bekenntniß diese Vermuthung zur Gewißheit erheben. Dies Bekenntnis aber darf auf keine Weise erzwungen werden.

7) Die Klippe, welche bey Beweisen sorgfältig zu vermeiden ist, bestehet darin, daß man aus vielen unvollständigen Vermuthungen und Wahrscheinlichkeiten eine Art von künstlichem Beweise führen will. Tausend Wahrscheinlichkeiten wiegen keinen einzigen

gen vollständigen Beweiſs auf. Und es ist besser, daſs in solchem Zweifel einige Schuldige ungestraft bleiben, als daſs ein Unschuldiger ungerechter Weiſse miſshandelt wird. Die Lehre von sogenannten halben Beweissen verdient mithin eine wesentliche Abänderung, und dieselbe gehört mithin eigentlich in die Klasse der Vermuthungen. Derienige, welcher einen Verdacht von dieser Art erregt, muſs durch das wachsame Auge des Staats beobachtet werden; kann aber keineswegs als wirklicher Verbrecher angesehen werden.

8) Das Selbstgeständniſs ist bisher in Kriminal-Sachen zum Theil als ein nothwendiger, zum Theil als ein wesentlicher Beweiſs angesehen worden. An und vor sich selbst ist es äuſserst hart, daſs der Mensch bey seiner unauslöschlichen Begierde nach Glückseligkeit sich durch eigenes Geständniſs unglücklich machen soll. Und es kann mithin nicht wohl ein solches Geständniſs als ohnumgänglich nöthig angesehen werden. Denn wenn man es durch Tortur erzwingen wollte: so würde es ungewiſs bleiben, ob nicht der Beklagte durch Stärke der Qualen genöthiget worden, zu seinem eigenen Nachtheile eine Unwahrheit zu sagen. Wenn iedoch alle andere Beweiſse und Umstände zusammen treffen, und der Beklagte ungezwungen, aus Reue, und, wie er selbst sagt, aus Gefühl der Wahrheit, sich schuldig bekennt: so ist dieses Bekennt-

niſs allerdings eine Bestätigung, aber in keinem Falle ein allein hinreichender Beweiſs.

9) Im Fall einer ohne anderweiten Beweiſs und *Corpus delicti* sich als Verbrecher angiebt; so ist dieses nicht als Gewiſsheit anzusehen, wohl aber ist solcher als äuſserst verdächtig unter nöthiger Aufsicht zu halten. Denn eins von beiden ist gewiſs; daſs er entweder ein Verbrecher, oder in seinen Aussagen unzuverläſsig ist. In beiden Fällen verdient er kein Vertrauen, und kann weder als Zeuge, noch sonst zu öffentlichen Aemtern gebraucht werden.

Aus allem obigen folgt, daſs die Beweiſse in Kriminal-Sachen den höchsten Grad von Gewiſsheit haben können, und haben müssen, deren menschliche Dinge fähig sind; und daſs Vermuthungen die gröſste Wachsamkeit, und das Miſstrauen des Staats verdienen, aber keine wirkliche Bestrafung. Es ist ferner ohnstreitig und beruhigend, daſs in Sammlung und Prüfung der Beweiſse eine feste Richtschnur angegeben werden kann, welche auf ohngezweifelten Gründen ruhet.

Die Hauptsache kommt darauf an, daſs in Anwendung dieser Grundsätze der höchste Grad von Fleiſs, Scharfsinn, Klugheit, und reiner Wahrheitsliebe gebraucht werde. Leben, Freyheit, und Ehre der Men-

Menschen, verdienen gewiſs diese Sorgfalt. Beschleunigung ist hierbey das wichtigste, da die Entdeckung der Wahrheit sehr oft von kleinen Umständen abhängt, die sich sonst sehr bald verwischen.

Eilfter Abschnitt.

Von Herstellung des wirklich begangenen Verbrechens.

§. I.
Vom Augenscheine.

Es ist bereits oben bemerkt worden, wie nöthig und wichtig die Herstellung des *Corporis delicti* sey, wie sehr man bedacht seyn müsse, mit allem Scharfsinne die dahin gehörenden Umstände vollkommen zu erforschen.

Nun werden hier einige Beyspiele der Anwendung dieser Grundsätze, wie folgt, gegeben:

§. II.

§. II.

Besichtigung des Todtenkörpers bey vorfallender Entleibung, und Pflichten des Wundarztes und Arztes.

Der Wundarzt muſs a) die Section im Beysein des verpflichteten Arztes, des Richters, und des genau registrirenden Actuarii vornehmen, b) darin muſs er bemerken, wie tief und breit die Wunden sind, c) welche, und wie viele Theile des Körpers verlezt sind, d) durch welche Werkzeuge die Wunden verursacht worden, e) welche Würkungen und Veränderungen die Wunden in dem Körper verursacht haben, f) ob nicht in dem Körper besondere Verhältnisse und natürliche Ursachen zu Krankheiten vorfindlich sind, welche den Todt beschleunigt haben. g) Der Chirurgus sowohl als der Arzt, müssen ihr Gutachten bestimmt und ausdrücklich geben, ob die Verwundung an sich selbst tödtlich gewesen, oder ob h) der Todt durch äufsere zufällige Umstände befördert worden. Hierin i) muſs alles dasienige vollkommen und genau bemerkt seyn, was die gerichtliche Arzneywissenschaft (*Medicina forensis*) vorschreibt. k) Besonders muſs aus dem Zustande des Körpers und dem Grade seiner Verwesung bemerkt werden l) seit wie viel Zeit die That geschehen, und m) was etwa nach dem Todte mit dem Körper vorgegangen.

§. III.

§. III.
Besichtigung bey geschehenem Kindermorde.

Obige Vorschriften sind auch hierher passend; iedoch ist vorzüglich darauf zu sehen, ob Merkmale da sind, daſs a) das Kind nach der Geburt annoch gelebt habe, ob nicht b) dasselbe zufälliger Weiſse erstickt worden, ob es nicht c) durch den Fall bey der Geburt zufälliger Weiſse verletzt worden. d) Ob sichtbare Merkmale überlegter Gewaltsamkeit vorhanden sind. e) Ob das Kind nach innerem Körperbaue gesund war, und lange hätte leben können. f) Bey sehr starkem Verdachte muſs dieienige Person durch die Hebamme visitirt werden, welche läugnet, daſs sie ein Kind gebohren habe.

§. IV.
Besichtigung und Untersuchung bey vorgefallener Vergiftung.

Vieles, was im zweyten §. bemerkt worden, trifft auch hier ein, und ist insbesondere darauf zu sehen, a) ob man das Gift noch in dem Körper findet, welches alsdann abzusondern, und genauer zu untersuchen ist, b) von welcher Gattung dieses Gift gewesen ist, c) in welcher Menge es genommen worden, d) wie bald es gewürckt hat, e) in welchen

chen Theilen und auf welchem Grade sich die Würkungen äufsern.

Alles dieses wird genau bestimmet, und ungesäumt in ein Protokoll während der Section eingetragen, und alsdann daraus der Bericht abgefafst, und dem Protokolle beygefügt.

§. V.
Von Wundberichten

Bey geschehenen Verwundungen wird eben auch alles genau, ordentlich, und pünktlich beschrieben, a) wie grofs die Wunde sey, b) welche Theile verletzt worden, c) durch welche Werkzeuge diese Verletzung geschehen, d) welche Folgen der Verletzung wahrgenommen werden.

§. VI.
Besichtigung bey vorgefallenen falschen Münzen, Diebereyen, Räubereyen, und Mordbrennereyen.

Bey vorgefallenen Verbrechen dieser Art, müssen das Haus, oder der Ort des vergangenen Verbrechens in allen seinen Verhältnissen genau und ordentlich bemerkt werden, und ist insbesondere bey Diebereyen darauf zu sehen, a) ob das Verbrechen

mit

mit Einbruch, oder mühsamen, dreistem Erfrechen begangen worden, b) zu Erforschung zweifelhafter Umstände, müssen solche Kunstverständige mit zu Rathe gezogen werden, welche das alles am besten beurtheilen können. Nach verschiedenen Umständen z. B. Schreiner, Schlosser, Maurer, Kenner der Münzgeräthschaften, feuerentzündender Materialien, u. s. w.

§. VII.
Beweise wegen Verbrechen begangener Unzucht.

Dergleichen Beweise kommen äußerst selten vor, weil solche Verbrechen meistens in der Hülle der äußersten Verschwiegenheit begangen werden, und sich nicht immer durch ihre Folgen äußern. Sollten jedoch solche Fälle sich ereignen, so ist das nämliche zu beobachten, was theis §pho 2. und §pho 5. bemerkt worden. Ueberhaupt muß in solchen Fällen auf die Umstände der meistens vorhergegangenen, und weniger verborgenen Verführung nachgeforscht werden.

§. VIII.
Allgemeine Bemerkungen in Betreff der Augenscheine (visum repertum) der Kranken-und Wundberichte.

Da an diesen Beweismitteln äußerst viel gelegen ist, so müssen dieselben mit äufserster Pünktlichkeit und Verläfsigkeit aufgesetzt werden, daher sind a) fordersamst alle bemerkte Thatsachen und Umstände genau aufzuzeichnen, hiernächst b) ist die Frage von Tödtlichkeit oder Gefährlichkeit der Wunden, mit Entscheidungs- und Zweifelgründen zu erörtern, und dann c) sind diese Aufsätze vom Wundarzte, und resp. den Aerzten zu unterschreiben, und der Gerichtsstelle einzuhändigen. Wo hiernächst diese Aufsätze sogleich zum Protokolle genommen werden, und einen wesentlichen Theil der Akten ausmachen.

§. IX.
Beweise solcher Verbrechen, wo der Augenschein fehlt.

In solchen Fällen ist die Gewifsheit des Verbrechens meistens sehr schwer darzustellen, weil kein *Corpus delicti* vorhanden ist. Um so mehr mufs man jedoch alsdann alle vorhergehende oder nachfolgende Umstände benützen, welche die Vermuthung des begangenen Verbrechens stärken oder schwächen können. So z. B., läfst sich aus vorhergegangener Schwehrmuth eines *vermifsten* Menschen wahrscheinlich schliefsen, dafs er nicht durch Mordthat weggeraft worden sey. In solchem Falle ist das Zeugnifs des Arztes, und derjenigen, die mit ihm lebten, aufzufassen, und zu protokolliren: indem dieses früh oder

oder spät Licht und Gewifsheit verbreiten kann, wenn in der Folge mehrere Umstände hinzu kommen.

Zwölfter Abschnitt.
Vom Bekenntnisse des Beklagten.

§. I.
Vom rechtlichen Verfahren, wenn der Beklagte läugnet.

Da es keine rechtmäfsige und billige Mittel giebt, wodurch der Richter das Geständnifs des Beklagten erzwingen könnte, so soll a) dieses Geständnifs in peinlichen Sachen, keine ohnentbehrliche Beweifskraft haben. Dagegen b) soll das Leugnen keinen Beweifs der Unschuld ausmachen, sondern c) die wesentlichen Beweise sind, wie oben bemerkt worden, in Urkunden, sicheren anschaulichen Wirkungen des Verbrechens, und in unpartheyischen Zeugen - Aussagen zu suchen. d) Die Tortur soll daher gänzlich abgeschaft werden, indem der schwache, an Nerven empfindliche Unschuldige, dadurch zum Bekenntnifse genöthiget wird, da mittlerweile der starkgebaute, unempfindliche Verbrecher frey durchkommt. e) Wenn ein Geständnifs offenherzig und freywillig erfolgt, so soll es zu weiter nichts dienen, als zum Anlasse näherer Vermuthungen, und weiterer Nachforschung in peinlichen Sachen, und zu Bestätigung anderer Beweise. f) In solchen Fällen, wo das *Corpus delicti* richtig, und der Angeschuldigte das *delictum* bey völligem Verstande, wissentlich, wohlüberlegt, deutlich, mit Angebung aller Umstände, freywillig vor seinem Richter gestehet; auch kein vernünftiger Grund vorhanden, aus welchem der Richter das Geständnifs bezweifeln könnte; so ist die *Confessio* zur Bestrafung hinreichend.

§. II.
Vom hartnäckigen Stillschweigen des Beklagten.

Iedes Mitglied der bürgerlichen Gesellschaft, ist, wie bereits oben gesagt worden, seiner vorgesetzten Obrigkeit Rede und Antwort zu geben schuldig. Zwar kann man ihn nicht zwingen, auf diese oder iene Art zu antworten, aber sprechen mufs er, wenn er gefragt wird: und wenn er schweigt, so ist diese Hartnäckigkeit sträflich; und er kann in so lange auf Wasser und Brod in der Nahrung eingeschränkt, auch wohl mit Leibes-Strafen belegt werden, bis seine Hartnäckigkeit aufhört, und er dem Richter antwortet. Und zwar mufs diese Antwort

mit

mit derjenigen Anständigkeit und Ehrerbietigkeit geschehen, die ein jeder seinem Vorgesetzten schuldig ist. Die Strafen der Hartnäckigkeit müssen aber allemahl nach erstatteter *relation* von den Gerichten verordnet werden.

§. III.

Vom Wiederrufen des Bekenntnisses.

Aus obigen Gründen kann ein solcher Wiederruf in peinlichen Sachen dem Beklagten nur in dem Falle nützen, wenn keine andere vollständige Beweise da sind. Wenn diese vorliegen; so hilft ihm sein Läugnen oder Wiederrufen gar nichts.

In Beziehung auf Schaden - Ersatz ist bloſser Widerruf ohnedas nicht hinlänglich; das einmal gemachte Geständniſs gibt dem Beleidigten in solange ein Recht zur Schadloshaltung, bis der Beklagte seine Unschuld beweist.

Dreyzehnter Abschnitt.
Von Beweisen durch Zeugen insbesondere.

§. I.
Wie viele Zeugen zum Beweise nöthig sind.

Zum vollständigen Beweise sind, wie bereits oben bemerkt worden, die Aussagen zweyer Zeugen nöthig, welche a) dasienige aussagen, was sie aus Erfahrung eigner Sinnen wissen, welche b) über 18 Iahr alt sind; welche c) in ihrem ganzen Lebenslauf eine unbescholtene Rechtschaffenheit bewiesen; welche d) weder anverwandt, noch irgend in einer genaueren Verbindung mit dem beleidigten Theile, oder mit dem Beklagten stehen; welche e) in ihren Aussagen sich unter sich nicht widersprechen, und gleichförmiges Zeugniſs geben.

Wenn nur Ein solcher Zeuge vorfindlich ist: so giebt er zwar starke Vermuthung, aber keine Gewiſsheit, und kann solche Aussage nicht als vollständiger Beweiſs angesehen werden.

In solchen Fällen wird auf Sammlung neuerer Beweise alle Mühe angewandt; findet sich kein solcher,

cher, und kommen keine andere entscheidende Beweise aus Briefschaften und anderen Umständen hinzu, so wird der Beklagte vor der Hand *ab instantia* absolvirt; der Reinigungs - Eyd aber wird durch gegenwärtige Verordnung gänzlich abgeschaft, und das absolviren *ab instantia* raubt keineswegs die Ehre des Beklagten, der immer, und in so lange für unschuldig von dem Staate erkannt wird, bis ihn nach Erörterung weiterer Beweise ein Endurtheil als Verbrecher erklärt. Wohl aber bleibt ieder Verdächtige unter einer stillen Aufsicht, von der weiter unten Erwähnung geschehen wird.

§. II.
Von ungültigen Zeugen.

Die Zeugen sind ungültig, wenn sie a) wegen selbst begangenem Verbrechen und lasterhaften Lebenswandel kein Vertrauen verdienen, oder b) wenn sie in irgend einem genauen Verhältnisse mit dem Beschuldigten, oder dem beleidigten Theile stehen; dahin gehören: Anverwandtschaft, Vormundschaft, Dienerschaft, und vertraute Freundschaft. c) Die Zeugen sind ferner untüchtig, wenn es ihnen an Verstandeskräften, entweder dermalen, oder zur Zeit des vorgegangenen Verbrechens fehlet. Iedoch alle diese Personen können in der Maaße angehört werden, daß ihre Aussagen zu weiteren Nachforschungen und zu weiterer Herstellung aller Umstände Anlaß geben.

Iedoch

Iedoch sollen 1) die Anverwandten, 2) die Vormünder, 3) die Dienerschaft, auf keine Weise gezwungen werden, gegen Anverwandte, Vormünder oder Pflegempfohlene, Zeugniſs zu geben. Eben dieses verstehet sich auch von Herren und ihren Bedienten; desgleichen auch von solchen Personen, welche von dem Beklagten ehemalen groſse Wohlthaten empfangen haben. Weibspersonen von untadelhafter Tugend und Rechtschaffenheit, sind von dem Zeugniſse und dem Zeugen-Eyde keineswegs ausgeschlossen.

§. III.
Von Iuden.

Die Aussage der Iuden, wenn sie sonst von rechtschaffenen, ganz untadelhaftem Betragen sind, sollen gültig seyn. Ausser in dem Falle, wenn der Beleidigte Theil ein Iude ist, und einen andern Iuden als Zeugen gegen einen Christen aufführt.

§. IV.
Von Aussagen iunger Leute.

Ein iunger Mann unter dem 18ten Iahre kann durch seine Aussagen zu starken Vermuthungen Anlaſs geben; sein Zeugniſs hat iedoch nicht solche vollständige Beweiſskraft, daſs Lebensstrafe, oder Beraubung der Ehre darauf erfolgen könnten.

§. V.

§. V.
Von Zeugnissen auf Gegenstände, die der Zeuge nicht durch eigene Sinne erfahren.

Solche Zeugnisse geben keinen vollen Beweiſs ab, sondern veranlassen weitere Nachforschungen, und werden alsdann dieienigen vernommen, welche diesen Ruf verbreitet haben, wie bereits oben bemerkt worden.

Doch sind dergleichen Aussagen ohngesäumt und sorgfältig zu Protokoll zu nehmen, und ist die weitere Nachforschung ohne Zeitverlust fortzusetzen.

§. VI.
Von Entwerfung der Beweiſs-Artikel.

Die Beweiſs-Artikel sind künftig als Fragen zu setzen, und ergeben sich von selbsten aus den bekannten Umständen des Beleidigten, des Beklagten, des *visum repertum*, u. s. w., und dann aus den weiteren Verhältnissen des weiter abzuhörenden Zeugen. Bey den zu entwerfenden Artikeln darf der Richter, wie bereits gesagt worden, keinen andern Gesichtspunkt haben, als die reine und vollkommene Herstellung der Thatsache, ohne irgend eine Partheylichkeit für oder gegen den Beklagten.

§. VII.

§. VII.

Von gegenwärtigen Kranken-Zeugen, und von Abhörung auswärtiger Zeugen.

Wenn der Gegenstand der Erforschung dringend ist: so gehet die Commission zu dem Kranken, läſst sich von dem Arzte das Zeugniſs geben, daſs derselbe bey gutem Verstande sey: und nimmt alsdann seine Aussagen zu Protokolle.

Bey auswärtigen Zeugen kommt es darauf an, ob die Untersuchung einiges Geheimniſs erfordere: alsdann wird die dasige Obrigkeit ersucht, einen solchen Zeugen zu stellen. Wenn aber der Gegenstand weder geheim, noch wichtig ist: so werden die Artikel der dasigen Obrigkeit mit dem Ersuchen zugeschickt, um diese Zeugen darüber zu vernehmen, und diese Aussagen alsdann dem hiesigen Richter einzusenden.

Vierzehnter Abschnitt.
Von Gegenstellung der Zeugen.

§. I.
Von dem Hauptzwecke dieser Gegenstellung.

Ein Hauptzweck der peinlichen Untersuchung muſs seyn, die eigentliche Person des Verbrechers zu entdecken. Aus der Gegenstellung des Beklagten kann sich sehr oft am zuverläſsigsten zeigen, ob dieser Beklagte der nämliche ist, gegen welchen die Zeugen ausgesagt haben. In dieser Absicht sollen alsdann dem Zeugen einige Personen nach einander vorgeführt werden, von ungefähr gleicher Bildung, Kleidung, Alter, und der Zeuge muſs alsdann denienigen angeben, den er darunter als Verbrecher erkennt. Dieses alles geschiehet in Gegenwart des Richters und Actuarii, welche diesen Vorgang und den Erfolg zu Protokoll nehmen.

§. II.
Von Vorzeigung der Handschriften, und der verschiedenen Sachen, auf welche sich das Verbrechen beziehet.

Aus dem nämlichen Grunde müssen auch dem Zeugen verschiedene Handschriften und Briefschaften vor-

vorgelegt werden, damit er bey dem ersten Augenscheine die Handschrift desjenigen erkenne, auf die sich sein Zeugniſs beziehet. Eben so müssen ihm diejenigen Mobilien, Waffen, oder sonstige Sachen vorgelegt werden, auf welche es bey seinem abgelegten Zeugnisse ankommt. Und auch in diesem Falle muſs er aus mehreren gleichartigen Sachen, bey dem Augenscheine dasjenige angeben, worauf sich sein Zeugniſs bezogen hat.

§. III.
Von weiterer Entgegenstellung der Zeugen.

Wenn wegen der Person des Beklagten kein weiterer Anstand obwaltet; der Beklagte aber dasjenige läugnet, was die Zeugen von ihm ausgesagt, und durch Erfahrung ihrer eigenen Sinnen gegen ihn behaupten: so soll alsdann gleichfalls eine Gegenstellung der Zeugen vorgenommen werden. Hierbey wird nochmal das abgelegte Zeugniſs wiederholt, der Zeuge sowohl, als der Beklagte, werden wegen pflichtmäſsiger Aussage der Wahrheit ernstlich verwarnet; und wenn beide ihre Aussagen bestätigen, so wird der Vorgang zu Protokoll genommen, und *ad Acta* registrirt. Schlüſslich wird auf alle Fälle bey der Gegenstellung darauf zu sehen seyn, daſs die Wahrheit genau erforscht werde, daſs daraus das Verhältniſs vollständig erhelle,

erhelle, welches zwischen Kläger und Beklagtem besteht. Daher haben Richter und Actuarius die Aüsserungen, Reden und Widerreden, genau zu beobachten, welche zwischen dem Beklagten und den Zeugen entstehen. Sie haben auch daher diese Einreden und Gegenreden mit Langmuth anzuhören und zu beobachten, indem sich hieraus manches ergiebt, welches auf Thatsachen und Umstände Licht und Einsicht verbreitet.

Funfzehnter Abschnitt.
Vom Beweisse durch Akten und Briefschaften.

§. I.
Von Privaturkunden und Briefschaften.

Bey dem Beweisse aus Briefschaften und Privaturkunden, kommt sehr viel auf folgendes an: a) wo sie vorgefunden worden, b) unter welchen Umständen sie vorgefunden worden, c) ob ihr Inhalt deutlich, und bestimmte Beziehung auf das begangene Verbrechen hat, d) ob der Inhalt wahrscheinlich, und mit andern Umständen zusammenhängt, e) endlich, ob die

Handschrift der gewöhnlichen Handschrift des Verfassers dieser Briefschaften gleichförmig ist? Wenn alle Umstände zusammen treffen, um die Aechtheit solcher Briefschaften zu bestätigen: so können sie alsdann allerdings einen Beweis ausmachen.

§. II.
Von Vorlegung solcher Briefschaften.

Dergleichen Briefschaften müssen alsdann dem Beklagten vorgelegt werden. Wenn derselbe die Aechtheit läugnet, so müssen ihm alle diejenigen Beweise und Umstände gleichfalls vorgelegt werden, welche die Aechtheit dieser Briefschaften bestätigen. Die offenbare Gleichheit der Handschrift wird zwar auch verglichen, und bestätigt zwar die Vermuthung, wenn andere Handschriften hinzu kommen. Im Falle aber sonst kein Merkmal der Aechtheit vorhanden wäre, so kann man hierauf allein gar nicht bauen: indem es nicht unmöglich ist, die Handschriften dergestalt nach zu machen, daß die Verfälschung unkenntlich ist.

§. III.
Von Vorlegung gerichtlicher Protokolle und Urkunden.

Wenn vorhin gegen den Beklagten Untersuchungen angestellt worden, oder andere gerichtliche Handlungen

lungen auf Umstände und Entdeckungen der Thatsache eine Beziehung haben: so werden diese Protokolle und Urkunden als gründliche Beweismittel angesehen, doch müssen sie in ordnungsmäsiger, beglaubter Form vorgelegt werden. Dem Beklagten werden sie gleichfalls zur Einsicht vorgezeigt: und er wird zu Protokoll vernommen, über die Frage: ob, und was er dagegen zu erinnern habe?

§. IV.
Vom Anerkennen des Beklagten.

Wenn der Beklagte diese Urkunden oder sonstige Briefschaften frey und ungezwungen anerkannt hat: so kann er dieses Anerkenntnifs nur in dem Falle wiederrufen oder schwächen, wenn er solche Thatsachen oder Umstände vorbringt, aus welchen sich wirklich ergiebt, dafs diese Urkunden oder Briefschaften nicht ächt sind.

Bey diesen, und allen auf Beweifs abzielenden Gegenständen, kommt es hauptsächlich auf genaue Erwägung und Zusammenstimmung mehrerer Umstände an. Der Inquisitor mufs auch hierin hauptsächlich darauf bedacht seyn, das wahre und zuverlässige vom blos scheinbaren und ungewissen zu unterscheiden. Bey Gegenständen von solcher Wichtigkeit mufs man mit eben so vielem Fleifse als Behutsamkeit zu Werke gehen. Man mufs nämlich alle

Spuhren aufdecken, alle Nachrichten und Wahrscheinlichkeiten sammlen, dieselbe im Zusammenhange vergleichen, aber nichts daraus folgern, als was würklich aus solchen Vordersätzen fliefst.

Sechszehnter Abschnitt.
Von Vermuthungen.

§. I.
Von Vermuthungen überhaupt.

Der Richter mufs in Betreff der Vermuthungen äufserst behutsam seyn, indem ein Irrthum hierin, der Freyheit, der Ehre, dem Vermögen, und dem Leben so mancher Unschuldigen nachtheilig werden kann.

Die Grundsätze der Klugheit hierin sind folgende: a) aus ieder Thatsache, und aus iedem Umstande nicht mehr zu schliefsen, als was wirklich daraus folget. b) Hiernächst diesen Umstand in so weit zu untersuchen, als er mit vorhergehenden und nachfolgenden Umständen zusammenhängt. c) Ergiebt sich alsdann, dafs der Beklagte kein Urheber des Verbrechens ist: so mufs, so bald als möglich, derselbe auf

auf freyen Fuſs gesetzt werden. d) Wenn sich ergiebt, daſs der Umstand zu Aufklärung der Wahrheit nichts beyträgt: so muſs man diese Spuhr verlassen, und sogleich andern Spuhren nachforschen. e) In Kriminal-Sachen, und überhaupt in menschlichen Dingen, kann man auf keine mathematische Gewiſsheit kommen; um so mehr ist es nöthig, alle dieienige Wahrscheinlichkeiten zu sammlen, welche der vollkommenen Gewiſsheit so nahe kommen, als immer möglich ist. f) Es kann nicht genug wiederhohlt werden, daſs dieienigen Beweiſse, die aus dem *Corpore delicti*, und desgleichen von Zeit und Ort genommen sind, den möglichsten Grad von Gewiſsheit verschaffen. g) Wenn alles dieses wohl benützt wird, so kann in den meisten Fällen die Wahrscheinlichkeit der Unschuld, oder die Vermuthung des Verbrechens, auf einen hohen Grad hergestellt werden.

§. II.
Von halben Beweiſsen.

Die Lehre von halben Beweiſsen ist zwar auf scharfsinnige Gründe gebauet, bedarf iedoch in mancher Absicht einer Verbesserung. In Zukunft nämlich a) soll kein Reinigungs-Eyd mehr geschworen werden; sondern, sobald gar nichts hinlänglich bewiesen ist, wird nach Schließung der Inquisition, der Beklagte *ab instantia* absolvirt. Wenn bloſses Vergehen (*culpa sine dolo*) erwiesen ist: so wird diese dieses nach seinem Verhältnisse bestraft: wie im zweyten Theile vorkommen wird. b) Wenn mehr als halbe Beweise vorhanden sind: so bestehet dieses meistens in solchen kleinen Verbrechen, welche die Vermuthung des Hauptverbrechens bestärken, z. B., Unwahrheiten während der Untersuchung, hartnäckiges Stillschweigen, vorhergehender lasterhafter Lebenswandel, und Aufbewahrung schädlicher und verdächtiger Sachen, u. s. w. In solchen Fällen sollen diejenigen kleinen Verbrechen, durch Inquisition wirklich untersucht, und hiernächst bestraft werden, welche wirklich bewiesen sind. Und in Betreff des Hauptverbrechens wird der Beklagte gleichfalls bis auf näheren Beweiſs *ab instantia* absolvirt. Hierbey wird alsdann in möglichster Stille gesorgt, daſs die Polizey einen solchen Beklagten unter scharfe Aufsicht nehme. Wenn aber unter vielen einzelen Vermuthungen, keine einzige in irgend einem sträflichen Umstande vollständig erwiesen ist: so würde es ungerecht seyn, auf noch so starke bloſse Vermuthungen einen Beklagten wirklich zu bestrafen. Uebrigens c) wenn die Frage von einem äuſserst gefährlichen, für den Staat sehr schädlichen Verbrecher ist, wo der Verdacht dem Staate wesentliche Gefahr drohet: so kann das hartnäckige Schweigen, oder widersprechende Aussagen am besten durch gelinden, jedoch ganz sichern Arrest geahndet werden.

§. III.

§. III.
Von Vermuthungen verschiedener Verbrechen insbesondere.

Iedes Verbrechen ist mit gewissen, besonders eigenen Umständen verbunden, auf welche bey deren Untersuchung eine besondere und genaue Rücksicht zu nehmen ist. So ist a) bey der Mordthat auf Gemüthsart des Beklagten, seine Verhältnisse mit dem Ermordeten, seine Waffen, u. s. w. zu sehen. b) Bey dem Verdachte der Vergiftung ist darauf zu sehen, ob kein Gift bey ihm vorräthig, woher er es genommen, wozu er es angeblich gebraucht, welche Umstände sich bey dem Vergifteten geäufsert haben, u. s. w. c) Bey Diebereyen ist auf das Vermögen des Beklagten, dessen Sitten, dessen vorräthiges Vermögen, vorgefundene Schlüssel oder Brecheisen, u. s. w. genau zu sehen. Aehnliche Bemerkungen, d) lassen sich auch in Betreff der Betrügereyen machen, wobey sehr vieles auf Umstände ankommt, die sich nicht alle angeben lassen. e) In Betreff des Brands ist gleichfalls auf vorhergehende Gesinnungen und Betragen des Beklagten zu sehen. Insbesondere auch, wo er sich zu der Zeit aufgehalten, als der Brand geschehen.

§. IV.
Prüfung der Anzeigen.

Bey Vermuthung der Unschuld, so wie des Verbrechens, müssen sich die Richter hauptsächlich vor dem Reitze einmal vorgefafster Meinungen sorgfältig hüten. Dieses sind Irrlichter, welche in den meisten Fällen von der Wahrheit abführen. Aus den erforschten Thatsachen soll man bey der Prüfung wirklich nichts daraus schliefsen, als was nothwendig daraus folgt. Denn nichts ist trüglicher, als schön aufgestutzte Hypothesen; und es ist und bleibt schwere Verantwortung, auf solche unsichere Gründe in den so wichtigen Kriminal-Sachen, eine Entscheidung zu fassen.

§. V.
Entledigung ab instantia.

Da in gegenwärtiger Einrichtung nur solche Verbrechen gestraft werden, welche vollständig erwiesen sind: so ist es um so nöthiger, dafs diejenige unter scharfer und genauer Aufsicht stehen, welche *ab instantia* absolvirt werden. Denselben mufs daher zwar die bürgerliche Freyheit wieder verstattet werden; doch kann ihnen mit kluger Vorsicht eine Lebensregel vorgeschrieben werden: a) wo sie wohnen sollen, b) womit sie sich beschäftigen sollen, c) welchen Umgang sie meiden sollen, d) welchem Polizey-Be-

Beamten sie zur Aufsicht anvertraut sind, e) welche Strafe darauf folgen soll, wenn sie diese Vorschrift nicht beobachten, f) diese Weisung wird ihnen in der Stille gegeben, und ist dasienige, womit die General-Untersuchung in solchen Fällen beschlossen wird, wo starke Vermuthungen zu der Entledigung *ab instantia* Anlaſs geben. Uebrigens soll die Absolvirung *ab instantia* nicht im mindesten entehrend seyn, welches bereits oben bemerkt worden.

Siebenzehnter Abschnitt.
Vom unvollständigen Beweiſse.

§. I.
Wie sich die Richter gegen einen Verdächtigen zu verhalten haben.

Da iedem an seiner Ehre und gutem Namen billigermaſsen sehr vieles gelegen ist: so müssen die Richter sowohl währender Untersuchung, als bey der Entscheidung nur immer dieienigen Mittel anwenden, welche zu Erforschung der Wahrheit nöthig und hinlänglich sind, und am wenigsten Aufsehen machen. Daher

her a) ist, wie bereits bemerkt worden, ohne Noth nicht zum Personal-Arreste zu schreiten. b) Die Untersuchung ist, so viel thunlich, in der Stille vorzunehmen. c) Die abgehörte Zeugen sind zum Stillschweigen zu ermahnen. d) Der Beklagte ist ernstlich zu verwarnen, die Wahrheit aufrichtig und unverholen zu eröffnen, indem er sich selbst schuldig ist, keinen Beweis seiner Unschuld zu verschweigen, und er im Falle des begangenen Fehltritts durch Läugnen den Verdacht nur vermehrt, und um so sträflicher wird. e) Der Richter hat sich, wie bereits gesagt worden, vor allen verfänglichen Fragen sorgfältig zu hüten. Seine weitern Fragen müssen aus den vorhergegangenen Antworten des Beklagten nothwendig und von selbst fliefsen, dürfen aber f) keineswegs aus seinen Privat-Meinungen und Vermuthungen fliefsen. Uebrigens g) muſs das Betragen des Richters zugleich durch Würde, Ernst, und Menschenliebe zeigen, daſs die vollkommene Erforschung der Wahrheit sein einziger Zweck sey.

§. II.
Wie die Entscheidung gegen solchen Beklagten abzufassen.

Die Entscheidung gegen einen solchen, dem nichts vollständig erwiesen ist, erfolgt am Ende der Inquisition, und kann ungefähr in nachstehenden Ausdrücken abgefaſst werden:

Da

Da gegen Beklagten N. N. in Betreff der Sache X. X. nichts vollständig erwiesen worden: so beruhet diese Untersuchung in solange, als kein weiterer Beweiſs deswegen vorkommt. Man hofft und wünscht vielmehr, daſs sein künftiges Betragen diejenigen Vermuthungen ganz auslöschen werde, welche aus verschiedenen Umständen gegen ihn entstanden sind. Dieses Ziel wird er erreichen, wenn er unter Aufsicht des Polizey-Beamten R. R. sein Betragen so einrichtet, wie ihm hiermit, in folgender Vorschrift vorgezeichnet wird, u. s. w. Siehe §. V. des vorigen Abschnitts.

§. III.
Von Entlassung eines solchen Beklagten.

Sobald als immer möglich ist, muſs nach Erlassung solches Urtheils, der Beklagte auf freyen Fuſs gesetzt werden; wie dann überhaupt die Behandlung desselben so gelind und billig seyn muſs, als es das Wohl und die Sicherheit des Staats nur immer zulassen kann.

Diese Sicherheit wird auch alsdann erreicht, wenn die Aufsicht des Polizey-Beamten wachsam ist, und die Vorschrift des Endurtheils genau befolgt wird. Zu diesem Ende muſs von *Quartal* zu *Quartal* hierüber

hierüber ein ausführlicher Bericht erstattet werden; und wenn das Verbrechen, und der Verdacht von der Art waren, daſs der Staat dadurch wirklich in Gefahr ist: so muſs ein solcher Bericht alle Monate erstattet werden. Wenn der Beklagte, welcher *ab instantia* absolvirt worden, seinen Lebenswandel nicht nach der gegebenen Vorschrift einrichtet, so muſs alsdann derselbe sogleich wieder auf einige Zeit in Arrest genommen, und durch solche Ahndung nach und nach auf gute Wege geleitet werden.

Ueberhaupt kann diese Einrichtung den unschätzbaren Vortheil verschaffen, daſs mancher durch vorgeschriebenen Fleiſs, und ordentlichen Lebenswandel sich an eine gute Aufführung gewöhnt, und von Grund aus gebessert wird. Er kann sich auch über solche Vorschriften nicht beklagen, weil dieselbe a) mit möglichster Schonung seines guten Namens eingerichtet werden, weil er b) dadurch von anständigem billigen Genusse der Freyheit nicht ausgeschlossen ist; weil er es c) dem Staate nicht verdenken kann, daſs derselbe auf seine Sicherheit Bedacht nehme, und endlich, d) weil bey solchen Vermuthungen der Beklagte sich in den allermeisten Fällen eine Unbesonnenheit vorzuwerfen hat.

Der Aufseher eines solchen Beklagten erhält eine eigene Instruction, a) wie er sich nach dessen Ge-

Gemüthsart zu benehmen habe, b) worin die Aufsicht eigentlich bestehen solle, c) welche Hülfsmittel er hierzu zu gebrauchen hat.

Achtzehnter Abschnitt.
Von Mitschuldigen.

§. I.
Von Untersuchung wegen der Mitschuldigen.

Zur vollständigen Erforschung der Wahrheit in peinlichen Sachen, gehört hauptsächlich die Entdeckung aller derienigen, welche mittelbar oder unmittelbar an dem Verbrechen Theil gehabt haben.

Soviel immer möglich ist, muſs die Untersuchung ohngesäumt auf den Hauptverbrecher gerichtet seyn; doch sind auch dieienigen Spuhren nicht einen Augenblick zu vernachläſsigen, welche auf die Mitschuldigen führen können. Und da überhaupt alle Thathandlungen mit vorhergehenden, nachfolgenden, und zugleich bestehenden Umständen innigst verkettet sind: so führt eine Spuhr immer weiter auf die andere.

dere. In diesem Betreff sind folgende Gegenstände zu erforschen: a) wer Antheil an dem Verbrechen gehabt habe, b) worin eigentlich dieser Antheil bestanden, c) wer den ersten Gedanken dazu gefasst habe, d) welcher Mitschuldige den andern verführt habe, e) wer eigentlich von den Mitschuldigen den Vortheil des erfolgten Verbrechens benutzt habe. Ferner f) wer blofse Wissenschaft davon gehabt habe, g) ob und wie lange er es vorher gewufst habe, h) woher er es erfahren habe, i) ob er es hindern konnte, und nicht gehindert habe? k) warum er es nicht angezeigt habe? Alle diese Fragen werden zu weiteren Nachforschungen von selbst Anlafs geben.

§. II.
Wie die Mitschuldigen zu behandeln sind.

Die Theilnehmung, Berathung, und Verheimlichung der Verbrechen, sind in ihrem Verhältnisse selbst als Verbrechen anzusehen, und in dieser Absicht ist alles dasienige hierher passend, was von andern Verbrechern vorhin gemeldet worden. Hierbey iedoch ist sorgfältig darauf nachzuforschen, wer der Anführer und Erfinder irgend einer sträflichen Unternehmung gewesen. Dieser verdient in aller Absicht eine schärfere Ahndung, und wird sich alsdann aus dem Zusammenhange der Umstände, der Grad seiner Bosheit, und vorsetzlichen Frevels entdecken.

§. III.

Von Mitschuldigen.

§. III.
Was in Betreff der Mitschuldigen bey dem Endurtheile zu erwägen sey.

Dasienige, was oben von der Inquisition erwähnt worden, ist auch in Betreff der Mitschuldigen anwendbar. Die genaueren Umstände der Zurechnung werden in der Inquisition erörtert und erforscht.

Eben so muſs auch die Gegenstellung der Mitschuldigen mit derienigen Genauigkeit und Pünktlichkeit vorgenommen werden, welche weiter oben wegen Gegenstellung der Zeugen vorgeschrieben worden.

Neunzehnter Abschnitt.
Von dem Endurtheile und dessen Abfassung.

§. I.
Vom Endurtheile überhaupt.

Es ist bereits oben erwähnt worden, wie nöthig und wichtig es sey, bey Abfassung und Bekanntmachung des Endurtheils feyerlich und öffentlich zu verfahren.

Nunmehr wird zu bemerken seyn, daſs a) die richterlichen Entscheidungen kurz, deutlich, bestimmt und vollständig seyn müssen. Daſs b) dieselben bey öffentlicher Versammlung der Criminal-Gerichtsstelle abzuschliefsen, und bekannt zu machen sind. Daſs c) dem Verbrecher mit Gelassenheit, aber auch zugleich mit Ernst und Würde, die Gröfse seines Verbrechens, und die daraus fliessenden übeln Folgen, recht nachdrücklich zu schildern sind. d) Bey Haltung eines solchen peinlichen Gerichts, sind auch äusserlicher Anstand und Feyerlichkeit nöthig, indem dieselben sehr oft auf das Gemüth der Zuschauer Eindruck machen; daher sind a) von den Pedellen die Stäbe vorzutragen, b) der Präsident eröffnet die Sitzung durch eine kurze und körnigte Anrede, c) die Stimmführung der Beysitzer geschiehet nach vollendeter Relation, und erschöpfender Darstellung aller eintretender Umstände, und spricht einer nach dem andern der Ordnung nach, wobey übrigens eine feyerliche Stille, sowohl von Seiten der Richter, als auch der anwesenden Zuschauer beobachtet werden mufs. d) Sobald die Richter unter Vorsitz des Präsidenten versammlet sind, werden die Thüren geöffnet, da der Tag dieser feyerlichen Versammlung vorher dem Publico, (wie bereits gesagt worden) bekannt gemacht worden ist.

§. II.

§. II.
Mit welcher Feyerlichkeit das Urtheil dem Verbrecher bekannt zu machen.

Das Urtheil muſs dem überwiesenen Verbrecher bey vollständigem, versammelten Gerichte, bey offenen Thüren, in Gegenwart aller derienigen von dem Publikum, (welche gegenwärtig seyn wollen) bekannt gemacht werden.

In dem Urtheile sind, wie bereits oben bemerkt worden, alle Entscheidungsgründe enthalten, welche gleichfalls mit abgelesen werden.

Dieses letztere leidet iedoch eine Ausnahme, in Betreff solcher Umstände, welche auf das Verbrechen der Unzucht eine Beziehung haben, wo dann in solchen Fällen in dem Urtheile nur blos die Ansetzung der Strafe enthalten ist: die Einsehung der Akten iedoch muſs, wie bereits oben gesagt worden, den Freunden, Anverwandten und dem Sachwalter des Verbrechers verstattet werden.

§. III
Oeffentliche Bekantmachung.

Da in Zukunft die Urtheile nebst Entscheidungsgründen im Drucke erscheinen sollen: so müssen sie zu diesem Ende in deutlicher, vollständiger, bündiger, und überzeugender, deutscher, reiner Schreibart abgefaſst werden.

Acht Tage vorher wird dem Publicum, sowohl die Abfassung, und in der Folge die Bekanntmachung des Urtheils, in dem Wochenblatte zur Nachricht eröffnet.

Die Absicht hierbey ist keineswegs eine Strenge, welche durch solche Bekanntmachung das Schicksal des Verbrechers zu erschwehren sucht, sondern erstlich soll dadurch der allgemeine Eindruck der Strafe im Publico vermehrt werden, und zweitens wird durch diese Publicität ieder von der Unpartheilichkeit der Richter überzeugt. Und um so mehr, drittens, werden sich alsdann die Richter bemühen, hierin allgemeines Vertrauen und Achtung zu verdienen. Uebrigens tritt diese feyerliche, öffentliche Bekanntmachung nur dann ein, wenn von boshaften Verbrechen die Frage ist. Kleine Polizey-Strafen gehören nicht hieher.

Zwanzigster Abschnitt.
Von Vollstreckung der Urtheile.

§. I.
Von Vorbereitung durch den Geistlichen.

Das peinliche Verfahren ist an sich schon eine so traurige Nothwendigkeit, daſs man das Schiksal des zu strafenden Verbrechers so viel lindern muſs, als es geschehen kann, ohne den Zweck zu verfehlen. Daher soll der Geistliche sogleich nach Bekanntmachung des Urtheils sich zu dem Verbrecher verfügen, und ihm durch sanftes und vernünftiges Zureden begreiflich machen, daſs a) die Bestrafung der Verbrecher wegen öffentlicher Sicherheit nothwendig ist. Daſs b) die Richter sehr ungern das Urtheil gegen ihn erlassen musten. Daſs ihm c) alle rechtliche Vertheidigungsmittel zugelassen worden. Daſs er d) durch Reue und Geduit, und Unterwerfung in göttliche Vorsehung, sein Schiksal nicht nur in seinem Gemüthe lindern könne: sondern auch noch ein gutes, würkendes Beyspiel geben werde.

Im Falle er auf Zuchthaus, Schanze, oder lebenslängliches Gefängniſs verurtheilt worden: so muſs dieser geistliche Trost von Zeit zu Zeit wiederholt werden.

den. Im Falle er aber zum Todte verurtheilt ist: so beschäftiget sich der Seelsorger die drey letzten Tage hindurch, mit dieser christlichen und wohlthätigen Amtspflicht.

§. II.
Von Vollstreckung des Urtheils.

In dem folgenden Theile wird die auffallende Kleidung der Züchtlinge, Schanzer, und aller öffentlich bestrafter Verbrecher, bestimmt angegeben werden. So viel wird hier nur erwähnt, daß erstlich (ausser gewissen Verbrechen der Unzucht) keine heimliche Bestrafung statt haben soll. Daß zumalen, zweitens, die Hinrichtung auf dem öffentlich von jeher dazu bestimmten Platze, des Morgens bey hellem Tage, und in hinlänglicher Begleitung geschehen soll. Daß, drittens, nach vollendeter Hinrichtung, dem Geistlichen zwar ohnbenommen bleibt, eine Anrede an das Volk zu halten; diese muß aber nicht dahin gerichtet seyn, durch Mitleiden den gemachten Eindruck zu schwächen, sondern vielmehr müssen die traurigen und unvermeidlichen Folgen des Lasters und der Verbrechen gezeigt werden.

§. III.
Vom Nachlasse des Verbrechers.

Da die Bestrafung der Verbrecher keine andere Absicht hat, als den Staat sicher zu stellen; so ist es unbillig, daß der Staat das Vermögen hingerichteter Verbrecher erbe. Was also derselbe nach Abzuge der Gerichtskosten, Zeugenverhöre, Versendung der Akten, und des Schadenersatzes etc. übrig hat, darüber kann er ein Testament verfertigen, oder im Falle er keins macht, so fällt seine Erbschaft seinem nächsten Anverwandten zu. In Betreff des Wuchers ist hierin eine Ausnahme, die weiter unten vorkommen wird.

Ein und zwanzigster Abschnitt.
Von Kosten in peinlichen Sachen.

§. I.
Von Diäten der Commissarien.

Wenn die Untersuchung in der Stadt geschiehet, so müssen die Beamten und Gerichtspersonen, die Arbeit, zu Folge ihrer Amtspflicht, verrichten; und erhalten dafür ihre Besoldung. Wird aber die Untersuchung auf dem Lande vorgenommen, so erhalten sie diejenigen Diäten, die in der Sporteltaxe vorgeschrieben sind.

Eben dieses verstehet sich auch von Sporteln und Diäten der Canzley-Personen.

§. II.

§. II.
Von den Atzungskosten im Gefängnisse.

Die Verköstigung der Gefangenen und Verbrecher wird aus der Gerichtskasse bestritten, und die Richter haben darauf zu sehen, dass hierin alles befolgt werde, was in den Vorschriften enthalten ist. Dass auf der einen Seite den Arrestanten nichts abgehe, und sie auf eine menschliche und billige Weise behandelt werden. Dass ihnen aber auch auf der andern Seite von Freunden, Anverwandten, oder sonst auswärtigen Personen, nichts heimlich oder öffentlich an Esswaaren zugesteckt werde, welches sehr oft missbraucht wird, um die Entweichung zu befördern, oder die Untersuchung durch heimliche Verabredung zu erschwehren.

§. III.
Von der Gerichtskasse.

Alle obige Unkosten werden verhältnifsmäfsig bestritten, oder wenigstens aus der Gerichtskasse vorgeschossen. Die Verfassung dieser Gerichtskasse ist folgende, a) alle Geldstrafen werden darin in Einnahme genommen, b) der Ersatz aller von Delinquenten verursachten Unkosten wird darin gleichfalls in Einnahme genommen. c) Alle Unkosten wegen Diäten und Sporteln bey peinlichen Untersuchungen, Bezahlung der verfertigten Defensionsschrift, werden

werden daraus vorgeschossen. Defsgleichen d) alle Unkosten wegen Ernährung der Gefangenen. e) Eben auch wird von dieser Kasse die Schadloshaltung derienigen bestritten, welche unschuldig befunden worden, f) wenn die Ausgabe stärker ist, als die Einnahme, so wird von dem Fisco soviel zugeschossen, als nöthig ist. g) Diese Rechnung führt der Secretair des Criminal-Gerichts, und legt dieselbe iährlich bey dem Landesherrlichen Fisco ab.

Zwey und zwanzigster Abschnitt.
Von unschuldig befundenen Beklagten.

§. I.
Wie ihnen ihre verletzte Ehre wieder zu verschaffen sey.

Die Gerechtigkeitsliebe des Regenten erfordert in vollem Maase, dafs dieienigen die allgemeine Achtung wieder erhalten, welche durch ungegründeten Verdacht in Untersuchung gekommen. — Es ist daher billig, dafs ihre Unschuld öffentlich und feyerlichst bekannt gemacht werde.

Ersteres kann geschehen, durch öffentliches Nachrichtsblatt; das zweyte geschiehet durch ein anzuschlagendes Patent, welches letztere iedoch nur alsdann statt hat, wenn es der freygesprochene Beklagte verlangt, indem mancher hierin kein weiteres Aufsehen zu erregen wünscht.

Wenn einer vorher ein öffentliches Amt versehen hat, und gänzlich unschuldig befunden worden, so wird er in dasselbe wieder feyerlich eingesetzt.

Wenn er ohne allen Grund von einem Gegner verläumdet und angeschuldiget worden: so wird derselbe zu einer angemessenen Entschädigung angehalten, und ohnehin verstehet sich, daſs der Verläumder verhältniſsmäſsig bestraft wird.

Auch muſs der Staat darauf bestehen, daſs ihm niemal wegen vorgenommener Untersuchung der mindeste nachtheilige Vorwurf gemacht werde.

§. II.
Wie ein solcher wegen versäumter Nahrung zu entschädigen.

Derienige Nachtheil im Gewerbe, so für ihn und seine Familie durch einstweilige Beraubung der Freyheit entstanden: muſs unpartheyisch taxirt, und ihm vergütet werden.

Die-

Diese Vergütung wird aus der Gerichtskasse genommen; und es ist allerdings billig, daſs der unschuldig befundene Beklagte, wenigstens hierin in voller Maſse entschädiget werde: da man ihm seinen Kummer und erdultete Leiden unmöglich ersetzen kann.

Nächstdem wird er dem Landesherrn in der Absicht bestens empfohlen, damit er bey schiklicher Gelegenheit einigen Trost und Vergeltung erhalte.

§. III.

In welchen Fällen Ankläger, Zeugen, oder gar ungerechte Richter, zu dieser Entschädigung beytragen müssen.

Da das Schiksal eines unschuldig befundenen Beklagten billigermaſsen schleunigsten Trost und Hülfe erfordert: so wird ihm die taxirte Entschädigung sogleich, wie gesagt, von der Gerichtskasse bezahlt. Aber diese Kasse hat ihren Regreſs an dem unbesonnenen Verläumder oder Kläger, oder allenfalls auch an dem ungerechten und unbesonnenen Richter, welcher durch Versehen oder Nachläſsigkeit solche für die Ehre des Beklagten bedenkliche Schritte veranlaſst hat, zu nehmen.

In solchen Fällen tritt sogleich der Fiscal im Namen dieser Gerichtskasse auf, und ersucht, daſs diese Entschädigung bald möglichst zuerkannt werde.

Drey und zwanzigster Abschnitt.

Von dem Unterschiede des peinlichen Verfahrens, zwischen Fehlern der Nachlässigkeit, und Verbrechen der Bosheit.

§. I.

Von dem wesentlichen Unterschiede zwischen Vergehen, (Culpa) *und Bosheit* (Dolus).

Die Bosheit ist für den Staat höchst gefährlich, und erregt nach ihrer wesentlichen Eigenschaft gegründetes Miſstrauen. Dagegen ist Vergehen für den Staat gleichfalls gefährlich, erregt aber kein solches Mistrauen, daſs den Fehlenden zu gerichtlichen Zeugnissen und öffentlichen Aemtern unbrauchbar macht.

§. II.

§. II.

Unterschied in dem peinlichen Verfahren, in Fällen der Bosheit, und Fällen der Schuld.

In beyden Gegenständen kommt es auf unpartheyische, vollständige, und zuverlässige Erforschung der Wahrheit an.

In beiden Gegenständen müssen dem Beklagten alle nöthige und zweckdienliche Vertheidigungsmittel zugelassen werden.

In den Gegenständen, wo es auf Bosheit ankömmt, ist äusserster Fleifs und Behutsamkeit um so nöthiger, weil Arglist sehr geschickt ist, die Wahrheit zu verhüllen, und den Richter irre zu führen; und weil man auf der andern Seite sehr behutsam seyn mufs, dem Verbrecher eine Schuld aufzuladen, dessen Folgen für seine Ehre oder Leben so bedenklich sind. In Betreff der Schuld oder Nachlässigkeit, so wie auch in Betreff der Bosheit, müssen die genauesten Umstände erforscht und hergestellt werden; denn beide haben ihre eigene Stufen, und der Richter mufs aus diesen Umständen, und der daraus fliefsenden Zurechnung die Strafe bestimmen.

Die Verpflegung der Beklagten über diese zweyerley Verbrechen ist und bleibt die nämliche, indem man noch nicht wissen kann, a) ob der Beklagte wirklich ein Verbrecher ist, oder b) ob das Verbrechen aus Nachlässigkeit, oder aus Bosheit begangen worden. Die Formeln der Endurtheile lauten also:

a) (Im Falle der Culpa) dem Beklagten N. N. wird wegen erwiesenem *Fehler* zuerkannt, daſs etc.

b) (im Falle des Doli) dem Beklagten N. N. wird wegen erwiesenem Verbrechen die Strafe bestimmt, daſs etc.

Zweyter Theil.

Strafgesetze auf Verbrechen.

Erster Abschnitt.

Eintheilung der Verbrechen.

§. I.

Nach welchen Hauptgesichtspunkten die Verbrechen zu beurtheilen sind.

Der Zweck aller Strafen ist die Sicherheit des Staats. Dieser wird durch Bestrafung der Verbrechen auf zweyfache Art erzielt. Erstlich dadurch, daſs der Verbrecher ausser Stand gesetzt wird, ferner zu schaden, und, so viel möglich, gebessert. Und zweitens dadurch, daſs seine Bestrafung für andere Verbrecher ein abschreckendes Beyspiel wird. Dieser zweyfache Gesichtspunkt ist nicht nur die wahre Richtschnur des Gesetzgebers, sondern derselbe muſs dem Richter auch in seinen Erkenntnissen immer vorschweben. Die Fehltritte sind nun an sich entweder sträflich, oder unsträflich. Zu den sträflichen gehören alle diejenigen, deren Urheber oder Veranlasser bey gesunder Vernunft, und mithin darin sträflich sind, daſs sie mit Wissen, Willen und gegen bessere Ueberzeugung oder aus Unbesonnenheit schädliche Handlungen begehen. Unsträfliche Verbrechen sind solche, welche ohne Bewustseyn, oder im Zustande der Krankheit begangen werden: dahin gehören die Verbrechen der Wahnsinnigen, der unmündigen Kinder, u. s. w. Die Urheber solcher Verbrechen können im eigentlichen Verstande nicht gestraft werden; wohl aber muſs man sie ausser Stand setzen, künftighin Schaden zuzufügen.

Unter den Fehltritten bestehet, wie bereits oben bemerkt worden, der wesentliche Unterschied zwischen Vergehen (*Culpa*) und Bosheit (*Dolus*). Dieser Unterschied muſs auch einen sehr grofsen Einfluſs in Bestimmung peinlicher Strafen haben, indem die Fehler von beiderley Gattung, so wesentlich unter sich verschieden sind. Denn a) der Saumselige, Unbesonnene, Unwissende, Uebereilte, kann meistens eher gebessert werden. b) Der Boshafte ist in aller Absicht deswegen weit gefährlicher, weil er sich die Verbrechen nach voller Ueberlegung erlaubt; und nebstdem doch noch in den Fall kommen kann, auch aus Versehen, oder Saumseligkeit ein Verbrechen zu begehen. c) Da er nun gefährlicher ist, so ist auch allerdings gut, daſs das Publikum vorzüglich vor ihm gewarnt werde. Hierauf d) gründet sich der Unterschied in dem Verfahren und Bestrafen desjenigen, der aus Versehen gefehlt hat, und desjenigen, der aus Bosheit einen Fehler begehet.

Nebst

Nebst obigem Unterschiede ist in Fehlern der Bosheit, annoch folgender Unterschied zwischen den Verbrechen, welche blos unternommen und angefangen, und denen, welche wirklich ausgeführt worden, (*Attentatum* und *Consumtum*). Dieienigen, welche wirklich veranstaltet, aber nicht ausgeführt worden, erfordern solche Mafsregeln, welche den Verbrecher ausser Stand setzen, wirklich schädlich zu werden.

Dieienigen Verbrechen aber, welche wirklich ausgeführt worden, müssen auf solche Art bestraft werden, dafs auch andere Verbrecher daran Abscheu nehben. Alle obige Gesichtspunkte geben eigentlich den Leitfaden an, wie auf die Verbrechen eine angemessene Strafe zu bestimmen ist.

Für allen irrigen Begriffen über den Zweck der Strafgesetze, müssen sich der Richter sowohl als der Gesetzgeber sorgfältig hüten. Unter dieses schädliche Vorurtheil gehört, a) dafs die Strafe eine Rache wegen der begangenen Verbrechen seyn müsse: dieser Begriff ist ganz irrig; und die eigentliche Vergeltung stehet Gott, als demienigen Richter zu, der allein das Innere der Herzen erforscht und erkennt, und angemessen zu bestrafen weis.

Das Zweite Vorurtheil bestehet darin, dafs mancher glaubt, durch Qualen und Martern der Verbrecher, dem Hange zu Verbrechen Einhalt zu thun. Dieses ist defswegen irrig, weil ieder Mensch sich durch Gewohnheit mit allen Begriffen von Leiden und Strafen bekannt macht, und ihn deswegen doch der anhaltende, immer erneuerte Trieb zu manchen Verbrechen fort und fort anreizt.

Diese Klippen der Irthümer werden alle vermieden, wenn man, (wie bereits gesagt worden,) bey Bestrafung der Verbrecher gar keine andere Absicht hat, als öffentliche Sicherheit des Staats, und hieraus folgt dann endlich: daſs, erstlich, die Verbrechen hinlänglich bestraft werden müssen, um Eindruck zu machen, daſs sie aber, zweitens, nicht mehr zu bestrafen sind, als dieser Eindruck wirklich erfordert, und daſs, drittens, hauptsächlich darauf zu denken ist, wie der Staat vor künftigen Vergehungen des Verbrechers sicher zu stellen sey.

§. II.
Nach welchen Hauptgesichtspunkten die Strafe zu mildern ist.

Die Strafgesetze können nur allgemeine Gründe und Vorschriften enthalten, welche aber auf alle mögliche Fälle deswegen nicht passen können, weil deren Mannigfaltigkeit unendlich ist. Hierin nun muſs der kluge und rechtschaffene Richter ab- und zuzugeben wissen; und auch dieses erfordert die Beobachtung gewisser Grundsätze, welche eigentlich in der Lehre von *Imputation* enthalten sind. Diese Grundsätze nun, bestehen in folgenden: a) bey Verbrechen kommt

kommt es viel darauf an, ob der Verbrecher einen starken Trieb zu dem begangenen Verbrechen empfunden habe. Geisteskräfte, Alter, Erziehung, Gewohnheit, und Umstände der Thathandlung, kommen hier mit in Berechnung. Ie heftiger der Trieb war, um so mehr verdient der Gefallene Mitleiden. Im Kriminal-Rechte kommt es hauptsächlich darauf an, den Staat vor künftigen Verbrechen sicher zu stellen, wie bereits oben angeführt worden. Hier entstehen nun folgende Fragen: *Erstens*: in welchen Verhältnissen des Verbrechens ist Besserung zu hoffen? *Zweitens*: worin sind die Verbrechen an sich selbst verschieden, und erfordern eine andere Art der Zurechnung? Wie sind diesemnach, *Drittens:* die Strafen nach Verhältniſs der Zurechnung zu mindern und zu mehren?

Was die *Erste* Frage anlangt, so sind gröſsere Geisteskräfte um so gefährlicher, wenn Gewohnheit böser Handlungen, eingewurzelte, böse Grundbegriffe, und ein reifes Alter hinzu kommen. Es ist alsdann wenig Besserung zu hoffen, und man muſs bedacht seyn, den Staat sicher zu stellen. Wenn aber vorzügliche Geisteskräfte sich in einem iungen, unerfahrnen Manne finden, so ist Irthum der Leidenschaften zu vermuthen, und ist zu hoffen, daſs ein gesunder Verstand richtigere Begriffe fassen, und den Werth der Tugend fühlen werde.

Zweitens: daſs die Iugend überhaupt biegsamer, und einer Besserung fähiger sey, ist allgemein anerkannte Wahrheit; unterdessen kommt es bey reiferen Iahren darauf an, wie der vorhergegangene Lebenswandel gewesen. In der Maaſse, als er untadelhaft war, läſst sich hoffen, daſs der Verbrecher nicht wieder in Fehltritte fallen werde, die ohne Zweifel aus einer besonderen Lage entstanden sind.

Drittens: der Körperbau hat offenbar auf viele Laster Einfluſs. Bey sinnlichen Ausschweifungen, wenn sie zur Gewohnheit geworden, und sich in brauſsender Iugend zeigen, sind wohl nur zwey Gegenmittel wirksam: nämlich Beschäftigung, und Entfernung der Gelegenheit.

Viertens: die Folgen schlechter Erziehung, nämlich irrige Begriffe und unedle Gesinnungen, können nur in der Iugend gebessert und ersetzt werden. In reiferen Iahren ist dieses selten möglich, und wenigstens nicht darauf zu rechnen.

Fünftens: die Gewohnheit ist dasienige, worauf am meisten zu sehen ist; indem es äuſserst schwehr ist, dieselbe zu überwinden. Und ein Verbrecher, der viele Iahre zuvor ein anhaltend ruchloses Leben geführt hat, ist allerdings für den Staat gefährlich.

Sechstens: die Umstände sind sehr genau zu erwägen, indem sie sehr vielen Einfluſs auf die Thathandlungen haben. Diese Umstände sind theils persönlich, theils äuſserlich. In die persönlichen Umstände

stände gehöret hauptsächlich der Stand des Verbrechers. Wenn dieser Stand ihm Macht und Würksamkeit in die Hände legt, und er als Officier, als Geistlicher, als Civil-Beamter, oder als ein reicher Mann, vieles würken kann: so ist er für den Staat um so gefährlicher, wenn er von Grund aus boshaft, oder verdorben ist. Und wenn man Besserung hoffen kann, so ist es um so wichtiger, daſs man demselben das Gefühl der Ehre nicht raube, und ihm die Rückkehr zur Tugend nicht versperre. Die nähern persönlichen Umstände der Thathandlung, bestehen in der Gesundheit und Gemüthslage, worin sich der Verbrecher zur Zeit der Handlung befunden hat. Die äussern Umstände bestehen in den Menschen, welche auf die Handlung Einfluſs hatten, und ihn zu der Handlung reizten. Sie bestehen ferner in seinen Vermögensumständen, dessen Drang und Bedürfniſs so manche Verbrechen veranlaſst haben. Der Grundsatz der Zurechnung, in Betreff der Umstände, ist folgender; Ie mehr die Handlung von dem eigenen Grundtriebe, eigenen Begriffen, eigener Gewohnheit, des Verbrechers veranlaſst worden: um so mehr ist zu besorgen, daſs er für den Staat ferner gefährlich werde. Wenn aber die Handlung durch Umstände veranlaſst worden, so ist Besserung zu hoffen.

Die Verbrechen theilen sich hauptsächlich in zweyerley ein. Die ersten sind Folgen sinnlicher Begierden. Dahin gehören alle Laster, die mittel- oder unmittelbar aus dem Geschlechtstriebe entstehen: ferner, die meisten Diebstähle, Raubereyen, Betrug, Gelderpressungen, u. s. w. Die andern Verbrechen sind diejenigen eines verderbten Gemüths, welche meistens aus ungerechtem Stolze entstehen. Dahin sind zurechnen: die meisten Verwundungen, Gewaltthätigkeiten, Mord und Ungerechtigkeiten, die aus Neid, Ehrgeiz, Eifersucht und erregtem Zorne entstehen. In den meisten Fällen sind die sinnlichen Verbrechen in den Jugendjahren gefährlicher, und schwerer zu bessern. Eine dritte Gattung Verbrechen, bestehet nebstdem in Ungehorsam gegen Gesetze, welche oft von zügelloser Geistesunruhe entstehet, wovon weiter unten vorkommt.

Die Gemüthsverbrechen sind meistens gefährlicher in reifern Iahren. Der Richter muſs daher vorzüglich aus diesem Gesichtspunkte den Bedacht nehmen, den Staat für die Zukunft sicher zu stellen. Aus obigen Sätzen flieſsen folgende Regeln: 1) Ein junger, fähiger Mann, der sich in sinnliche und dahin einschlagende Laster verirrt, muſs milder behandelt, und, so viel möglich, durch Ueberzeugung gebessert werden, weil noch Hoffnung dazu da ist: iedoch muſs der Richter, wenn es thunlich ist, dem Staate anrathen, ihn in solche Gelegenheiten zu versetzen, wo er weniger Anlaſs zu Versuchungen hat. 2) Ein Mann in reiferen Iahren, dem sinnliche Laster und Verbrechen der Habsucht zur Gewohnheit geworden,

muſs

muß in der Maaße schärfer behandelt werden, daß der Staat sicher gestellt werde, vor künftigen ähnlichen Verbrechen. 3) Wenn Gemüthsfehler, Neid und Rachgierde, kaltblütig überlegte Bosheit in einem iungen Menschen vorkommen, so sind dieses Merkmale eines äußerst verderbten Gemüths, indem diese Fehler nicht hauptsächlich Fehler der Iugend sind. Deswegen darf man doch nicht an Besserung verzweifeln, weil auch iugendliche Unbesonnenheit und aufwallendes Blut hierin Einfluß haben können. Aber allemal muß die Sache strenger genommen werden, damit man diese Verbrechen, die mit dem Alter immer zunehmen, durch starken Eindruck bessere.

Nach diesen Grundsätzen würde also die Stufenleiter in Zurechnung der Verbrechen folgender Gestallt bestimmt:

1) Sollen die Richter in keinem Falle die Strafen der Gesetze schärfen; wohl aber sollen sie dann vermindert werden, wenn Besserung des Verbrechers, und somit Sicherheit des Staats zu hoffen ist.

2) Dieses kann in allen denienigen Fällen eintreten, wo nicht nöthig ist, einen Rätelsführer öffentlicher Unruhen, oder überhandnehmender, schädlicher Laster, dergestalt zu bestrafen, daß auf andere ein abschrekender Eindruck gemacht wird.

3) Auch dann, wenn dieser Eindruck gänzlich gemacht ist, muß der Staat den Bedacht nehmen, einen solchen scharfbestraften Verbrecher zu bessern,

sern, und vom Untergange und Verzweifelung zu retten.

Die Zurechnung des Verbrechens muſs also nach obigen Grundsätzen ein Anlaſs zur Milde, und nie zur Schärfung des Urtheils seyn; indem die Strafe in den Worten der Gesetze, und nicht in der Willkühr des Richters liegen muſs.

4) Der Richter soll also nach obigen Grundsätzen alle diejenigen Umstände treulich sammeln, und aufzeichnen, welche a) eine sträkliche Vollstrekung des Gesetzes anrathen. b) Diejenigen Umstände, welche auf Milderung des Gesetzes in vorliegendem Falle einen Wink geben. c) Soll er diejenigen Vorschläge anhanden geben, durch welche der Verbrecher gebessert, und zugleich der Staat sicher gestellt werden kann.

5) Auf diese Weiſse bleibt das Gesetz das *Maximum* der Schärfe. Das *Minimum* der Schärfe bestehet in einer geringeren Stufe von Bestrafung. Zu diesem Ende soll a) in gegenwärtigem Kriminal-Gesetze für jedes Verbrechen, eine zweyfache Stufe von Bestrafung bestimmt werden, wenn es aus Bosheit begangen worden; und desgleichen b) sollen zweyfache Stufen bestimmt werden, für solche Fälle, wo blos Schuld (*Culpa*) vorhanden ist. c) Der Richter kann in keinem Falle eine dieser Stufen überspringen; sondern dem höchsten Landesherrn allein ist das Begnadigungsrecht vorbehalten. Dieses bestehet d) darin

rin, daſs er denienigen, aus besonderer Huld, mit gelinderer Strafe der *Culpa* (Schuld) belegt, dem Gesetze und Richter die Strafe der Bosheit zuerkennen. Oder auch darin, e) daſs ihn der Landesherr von aller Strafe befreyet.

Zweyter Abschnitt.
Von dem Unterschiede zwischen Vergehen und Bosheit

Zwey Dinge sind für den Menschen gefährlich. Das erste ist unbesonnene Ueberraschung der thierischen Triebe. Das andere ist, vorsätzlich kaltblütige Bosheit. Das erste ist häufiger in der Iugend, wird aber durch Erfahrung, Ueberzeugung, und Alter gebessert. Das andere ist Folge des verderbten Verstandes und Herzens; wird selten gebessert, und äuserst selten geändert, wenn es durch vieljährige Gewohnheit gestärkt worden.

1) Ersteres (*Culpa*) Vergehen ist für den Staat nicht so gefährlich, und erfordert höchstens nur, daſs der Beklagte in eine andere Lage versetzt werde.

Leztere Bosheit (*Dolus*) ist für den Staat weit gefährlicher, und erfordert meistens, daſs der Beklagte auf lange Zeit ausser Stand gesetzt werde, dem gemeinen Wesen zu schaden.

2) Die

2) Die Kennzeichen, wodurch beide ganz verschiedene Verhältnisse angezeigt werden, sind folgende: a) Dasjenige, was aus Ueberraschung, Unbesonnenheit, Unwissenheit, Unachtsamkeit, Uebereilung geschiehet, wird ohne vorhergehende Ueberlegung schnell und rasch vollbracht. b) Solche Anstalten und Vorkehrungen, die eine lange vorhergehende Ueberlegung erfordern, kommen dabey nicht vor. c) Aeussere Kennzeichen aufbrausender Leidenschaften, oder die Merkmale von Zorn, Unüberlegung, Unwissenheit, Betäubung, und so weiter, sind meistens nicht zu verkennen. d) Anhaltender Widerstand, der mehrere Tage hindurch die Wirkung solcher Triebe hemmt, wird meistens das Nachdenken erregen, und den Beklagten von der vorhabenden That in solchem Falle ablehnen, wenn er nicht aus vorsätzlicher Bosheit gehandelt hat. e) Aufbrausende Leidenschaft, Unbesonnenheit, oder Unwissenheit, nehmen meistens die nöthige Vorsicht nicht, durch welche ein Verbrechen verborgen bleibt. Eben darum ist z. B. ein Mord bey öffentlichem Angriffe weniger bedenklich und abscheulich, als Meuchelmord, oder eine heimliche Vergiftung.

3) Wenn mehrere Kennzeichen zusammentreffen, welche auf der einen Seite blos eine Schuld beweisen, auf der anderen Seite aber andere sichere Kenntnisse vorhanden sind, aus welchen man auf Bosheit schliefsen kann: so ist alsdann der Fall vorhan-

handen, das Verbrechen mit der geringeren Stufe der Bosheitsstrafe zu belegen.

Wenn aber alle Kennzeichen der Schuld vorhanden sind, und sich auf keine Weise eine Bosheit zeigt: so ist alsdann der Fall da, den Verbrecher mit der Schuldstrafe zu belegen (*poena culpae.*)

4) Dieses wären also die Grundsätze der Zurechnung, bey welchen mit in Ueberlegung kommt, a) sein Alter, b) vorhergehender Lebenswandel, c) obige Kennzeichen, d) sein Temperament, e) sein Geschlecht, f) sein Stand, g) sein Vermögen, h) seine Einsichten, i) der Reiz der Handlung, k) die Verhältnisse mit der Person des Beleidigten, l) der Ort des Verbrechens, m) die Zeit, wo es begangen worden, n) der Werth des Schadens, welcher zugefügt worden, o) Wiederholung dieser, oder ähnlicher Handlungen, und p) die damals nicht darauf erfolgte Bestrafung.

Aus allen diesen Gegenständen der Zurechnung, wird sich mit höchster Wahrscheinlichkeit ergeben, ob Bosheit oder Vergehen vorhanden sey, und in welchem Grade?

In der Folge dieses Entwurfs wird sich zeigen, daſs man in Bestimmung der Strafen, nachstehende Grundsätze zur Richtschnur genommen hat:

a) So oft *Culpa* da ist, und der Staat sicher gestellt werden kann, ohne den Beklagten unglücklich zu machen, und ohne in andern Verbrechen durch Unsträflichkeit eine Verwegenheit zu erregen: so müssen die möglichst gelindesten Mittel angewendet werden. Diese Mittel sind: 1) den Schuldigen durch wahre Ueberzeugung von Grund aus zu bessern: ein Mittel, welchem man, leider! noch wenig nachgedacht hat, und welches man noch seltener anwendet. Dieses pafst meistens auf verirrte Iugend. Das zweyte Mittel bestehet darin, den schuldigen, nicht boshaften Verbrecher in solche Lage zu setzen, wo er durch andere Umstände und Beschäftigung, der Verführung entzogen ist. Dieses Mittel pafst am meisten in solchen Fällen, wo schuldige, iedoch nicht boshafte Verirrungen schon zur Gewohnheit geworden. Ersteres Mittel enthält die untere Stufe der Ahndungsmittel gegen *Culpa* (Schuld). Das zweyte Mittel enthält die höhere Stufe der Bestrafungen einer *Culpa* (Schuld.)

Da aber, wo kaltblütige, überlegte wirkliche Bosheit vorhanden ist; da mufs der Verbrecher ausser Stand gesetzt werden, dem Staate zu schaden, und das zwar solange, bis bessere Gewohnheiten, und richtigere Grundbegriffe von ihm zu hoffen sind. Und seine Strafe mufs zugleich von solcher Art seyn, dafs sie andere von solchen Verbrechen abschrecke. Da die Bosheit gleichfalls ihre Stufen hat, so werden in Betreff dieser Bestrafung, auch nach dem Grade der Wiederholung, der Hartnäckigkeit und des Vorsatzes, für iedes Verbrechen der Bosheit höhere und geringere Stufen bestimmt werden. Zu diesem Ende folgen hier die Kennzeichen dieser Stufen der Bosheit.

Erst-

Erstlich: Wenn bey der Handlung solche Zubereitungen vorkommen, welche scharfsinniges Nachsinnen voraus setzen, und mehrere Tage hindurch vorbereitet worden, so kann man auf einen hohen Grad von Bosheit allerdings schliefsen. Der sicherste Beweifs aber ist, wenn während dieser Vorbereitungen der Verbrecher seine Gesinnungen unter dem Scheine des Wohlwollens, oder sonst tückischer Verstellungen verborgen hat. Also die wahren Kennzeichen eines hohen Grads von Bosheit sind: a) vorhergehende mühsame, und kaltblütige Vorbereitung, und b) tückische Verstellung. Iedes dieser Kennzeichen beweifst einen starken Grad von Bosheit. Der Beweifs ist aber vollständiger, wenn beide Umstände zusammen treffen.

Zweytens: Eine Handlung ist an sich boshaft, wenn sie ihrer Natur nach, nicht anders als schädlich seyn kann, wenn sich also nicht ergiebt, und durch Umstände gänzlich erweissen läfst, dafs sie aus bloser *Culpa*, z. B. aus Unwissenheit, Betäubung, zufällig gereiztem Zorne, unwiderstehlicher, leidenschaftlicher Ueberraschung, u. s. w. begangen worden.

Wenn, wie gesagt, dies alles nicht erwiesen ist: so ist iede schädliche Handlung als boshaft zu betrachten und zu bestrafen; weil ieder vernünftige Mensch wissen mufs, was er thut. Solche Handlungen nämlich stehen auf der untersten Stufe der Bosheitsbestrafung. Dagegen erfordert, wie gesagt, die höchste

Stufe

Stufe, daß vorhergehende Vorbereitung, welche kaltblütig überlegt worden, oder daß vorsätzliche Verstellung dabey vorkommen.

Nun ist annoch einiges von solchen Fällen zu bemerken, welche eigentlich annoch Schuld (*Culpa*) sind, aber dennoch an Bosheit sehr nahe gränzen, und gewöhnlich *quasi delictum* heissen: wo es um so nöthiger ist, die Unterscheidungs - Merkmale anzugeben:

So oft eine Handlung von solcher Art ist, daß sich die Möglichkeit denken läſst, alle üble Folgen dabey zu vermeiden; oder der Verbrecher wirklich alle Mühe anwendet, diese Folgen zu vermeiden: alsdann ist wohl der Fall einer verbotenen sträflichen Handlung vorhanden, aber keine Bosheit im eigentlichen Verstande, sondern vielmehr *Culpa* oder Schuld.

Alle diese Grundsätze enthalten den eigentlichen Gesichtspunkt, unter welchem gegenwärtiges Kriminal-Gesetz entworfen worden, und dieser nämliche Gesichtspunkt muſs auch den Richter in Anwendung dieser Gesetze leiten.

Drit.

Dritter Abschnitt.
Von gemeinschaftlichen Verbrechen.

§. I.
Vom Urheber eines Verbrechens.

In Bestimmung der Strafen muſs der Urheber eines Verbrechens deswegen schärfer bestraft werden, weil er a) die erste Veranlassung dazu gewesen, weil b) durch ein schreckendes Beyspiel mancher andere von solchen Veranlassungen abgehalten wird. Iedoch c) verstehet man durch den Urheber eines Verbrechens, nicht solchen, welcher blos den Gedanken davon gehabt, oder geäussert hat: sondern hierzu gehört, d) daſs er andere wirklich dazu beredet, daſs er e) von der Ausführung gewuſst, und dieselbe, f) soviel an ihm lag, bestmöglichst befördert hat. So oft g) nicht alle diese Umstände zusammen treffen: so ist er wohl sträflich, aber nach obigen Grundsätzen wird seine Bestrafung nicht als ein höherer Grad von Bosheit geahndet. Welches alles iedoch von Zusammenstimmung der Umstände abhängt, die sich nicht alle angeben lassen.

§. II.

Vom Rathgeben, Mitwissen, und Theilnehmung eines Verbrechens.

Eben wie zu Ende des vorigen §. gesagt worden, so kommt es auch hier auf die Umstände an: a) wie viel der Rathgeber des Verbrechens an dessen Ausführung Ursache war, b) wie boshaft der gegebene Rath an sich selbsten war, c) ob der Mitwissende das Verbrechen hindern konnte, d) ob seine Verschwiegenheit vorsätzlich war, um die Ausführung zu befördern, e) ob die Theilnehmung blos die Vorbereitung, oder die wirkliche Ausführung des Verbrechens betroffen, f) in welchem Verhältnisse der Theilnehmer mit dem wirklichen Verbrecher gestanden, endlich g) kommt es sowohl bey dem Rathgeber, als dem Mitwissenden und Theilnehmenden darauf an: ob sie lange vorher, und reiflich erwogen, wie schädlich und gewissenlos ihre Theilnehmung sey; und ob sie durch heuchlerische Verstellung diese Theilnehmung zu verbergen gesucht. In diesem Falle gehöret ihr Verbrechen allerdings zur höheren Stufe von Bosheit, und muſs alsdann auch nach diesem Maaſse bestraft werden.

§. III.

§. III.
Von anbefohlenen Verbrechen.

Wenn ein Untergebener ein Verbrechen begehet: so hängt seine Strafbarkeit von der Voraussezzung ab, ob er die Schädlichkeit seiner That wissen und beurtheilen konnte. In diesem Falle ist er deswegen sträflich, weil in unerlaubten Handlungen er seinem Vorgesetzten weder Gehorsam schuldig ist, noch seinen Befehlen folgen darf.

Bey Mässigung solcher Strafen, kommt sehr viel darauf an, a) in welchem Maafse der Verbrecher von seinem Vorgesetzten abhieng; b) welche Zwangsmittel derselbe angewendet, um ihn dazu zu vermögen; c) ob, und wie er die Ausführung des Verbrechens hindern konnte; d) welchen Theil er daran genommen: e) Wie er sich dabey betragen, und ob er überlegten Vorsatz und heuchlerische Verstellung dabey blicken lassen. Diese zwey letztere Merkmale bestimmen auch hierin die höhern Stufen der Bosheit.

§. IV.
Von Verbrechen ganzer Collegien, Gemeinheiten und Zünfte, und eines grofsen Haufens versammelter Menschen.

Auch bey solchen Verbrechen, welche von einer grofsen Zahl Menschen begangen werden, hängen die Stufen der Strafbarkeit eines ieden solchen Theilnehmers davon ab: a) ob der Anschlag lange vorher gefaſst worden, b) ob ieder dieser Leute Zeit genug hatte, die bedenklichen Folgen davon zu überlegen, ob sie c) die Ausführung kaltblütig und vorsätzlich vorbereitet haben, und d) ob sie diese Ausführung mit heuchlerischer Verschwiegenheit verborgen haben? Wenn diese Umstände alle zusammen treffen: so ist ieder dieser Mitschuldigen in hohem Grade sträflich, ob gleich ihre Anzahl sehr groſs ist.

Wenn aber nur einige die Sache vorbereitet und eingeleitet haben, so ist bey den übrigen ein minder hoher Grad von Bosheit zu bestrafen, als bey den Urhebern des Verbrechens.

Vierter Abschnitt.
Von solchen Umständen, durch welche eine verbotene Handlung gänzlich entschuldiget wird.

§. I.
Allgemeine Grundsätze in diesem Betreff.

So oft höhere Pflichten, unwiederstehlicher Zwang, oder offenbare, unübersteigliche Unwissenheit eine verbotene Handlung veranlassen: so ist sie an an sich nicht sträflich, und der Iustizstelle liegt weiter nichts ob, als diejenigen Ursachen zu heben, oder zu entfernen, welche solche Handlungen verursacht haben.

Dann eigentlich würde ein peinliches Gesetz ungerecht seyn, wenn es solche Handlungen strafen wollte, die nicht moralisch böse sind, und wo mithin weder Bewufstseyn der Nachlässigkeit, Schuld, oder Bosheit des Thäters mit eintreten.

§. II.
Von der Nothwehr.

Die Lebenserhaltung ist eine der ersten Pflichten. Derienige also, welcher angegriffen wird, mufs sich allerdings vertheidigen, und wenn er sich nicht anderst retten kann, als durch Verwundung oder Tödtung seines Gegners, so ist er alsdann gar nicht sträflich; iedoch mufs er a) zum Beweifse angehalten werden, dafs seine That eine wirkliche Nothwehr war; b) müssen seine Verhältnisse mit seinem Gegentheile untersucht werden; c) mufs über seinen vorhergegangenen Lebenswandel Erkundigung eingezogen werden. d) Alsdann mufs der Richter den Bedacht dahin nehmen, damit der Verwundete, oder seine Anverwandte sich an dem unschuldigen Thäter nicht rächen, damit kein neues Unglück entstehe. Hierzu e) ist ernsthaftes und gütiges Zureden wirksam: und f) die Polizey-Aufsicht mufs hierin ihre Sorgfalt verdoppeln.

§. III.
Vom Nothdiebstahle.

Die Pflicht der Selbsterhaltung gründet sich aufs Naturrecht, und ist wichtiger, als alles Eigenthumsrecht. Wenn also der Mensch in der Hungersnoth zu seinem unentbehrlichen Lebensunterhalte stiehlt: so ist er nicht sträflich, sondern die zu besorgende Untersuchung leget ihm blos den Beweifs auf: a) dafs er auf gar keine andere mögliche Weisse sein Leben durchbringen können, b) dafs er grade nicht mehr genommen, als zu seinem gegenwärtigen Lebensunterhalte nöthig gewesen.

Solche äufserst seltene Fälle, setzen Mängel in der Armen-Polizey voraus. Ein solcher Thäter ist nicht nur gänzlich frey zu sprechen, sondern der Richter hat dafür sich zu verwenden, damit ihm von Landesherrschafts wegen, Beschäftigung und Nahrung geschaft werde.

§. IV
Von Beschädigungen, so durch Wahnsinnige geschehen.

Da die Wahnsinnigen kein vernünftiges Bewustseyn haben, so können ihre sonst verbotene Handlungen nicht bestraft werden. Doch mufs bewiesen werden: a) dafs sie wirklich zu der Zeit der begangenen That

That ihrer Vernunft nicht mächtig gewesen; b) muſs untersucht werden, ob sie noch wirklich in diesem unglücklichen Zustande sind, und in diesem Falle muſs dafür gesorgt werden, daſs sie durch hinlängliche Verwahrung ausser Stand kommen, ferner zu schaden. Hierüber hat alsdann das Kriminal Gericht mit der Landes Polizeystelle zu communiciren.

§. V.
Von zugefügtem Schaden durch Unglücksfälle.

Bey solchem Schaden, wenn der Verdacht eine peinliche Untersuchung veranlaſst hat, muſs bewiesen werden, daſs a) blinder Zufall lediglich gewürkt hat, b) muſs untersucht werden, ob dieser Zufall nicht künftig vermieden werden könne. In dieser Voraussetzung c) muſs alsdann mit der obersten Polizey-Stelle gleichfalls communicirt werden.

Fünfter Abschnitt.
Allgemeine Bemerkungen von Strafen überhaupt.

In Betreff der Strafen wird es zweckmäſsig seyn, den ersten Grund und die Verhältnisse anzugeben, unter welchen ein Mensch wirklich *strafbar* wird. Ein Mensch heiſst nur alsdann wahrhaft *bosbaft*, und wahrhaft *strafbar*, wenn seine äussere und innere Sinnen in gutem gesunden Zustande sind; wenn er seine Handlungen vollkommen überlegt, und dannoch gegen die vorgeschriebene Gesetze handelt. Es leuchtet von selbst ein, dafs er alsdann strafbar ist; denn er geniesset in dem Lande öffentliche Sicherheit, und stöhret öffentliche Sicherheit. Er geniefset die Vortheile der menschlichen Gesellschaft, und stöhret die Ruhe und den Genufs der Gesellschaft, in Betreff anderer Mitmenschen. Er ist also natürlicher Weisse so zu behandeln, wie wilde Menschen wechselweisse in wilden Ländern, in Afrika oder Amerika, sich unter sich behandeln. Diese rächen sich natürlicher Weisse an ihren Feinden, weil die Furcht vor dieser Rache dasienige ist, was ihre Feinde von Gewaltthätigkeiten einigermaafsen zurück hält.

Der obige Charakter von Bosheit giebt ihm genaue Richtschnur der Strafbarkeit an. Und hieraus folgt;

Erstlich: dafs derienige, welcher nicht bey Sinnen ist, nicht als strafbar betrachtet werden kann. Denn seine Bestrafung würde weder für andere Wahnsinnige, noch für vernünftige Menschen ein abschrekendes Beyspiel seyn. Ueberhaupt hat er auch nicht moralisch gefehlt, denn er hat kein richtiges Bewustseyn. In solchem Falle, ist nur materieller, physischer Fehler vorhanden; und da können auch nur physische Mittel, nämlich Arzneyen, angewendet werden.

Zwey-

Zweytens: der Fehler der Ueberlegung bestehet darin, dafs der Mensch aus Uebereilung, Unbesonnenheit, Leichtsinn, Ueberraschung, sich *vergehet.* Dieses *Vergehen* ist ein Fehler in Anwendung des Verstandes; ist nicht wahre Bosheit, kann und mufs aber gebessert werden; und dieses geschiehet dadurch, dafs der Mensch Ernst empfindet, in die harte Schule der Erfahrung kommt, in sich gehet, und Meister seiner Sinnen und Ueberlegung wird. Die Ahndungen gegen Vergehungen (*Culpa*) sind also im eigentlichem Verstande keine Strafen, sondern Besserungs - Mittel, und wenn sie in dieser Schrift unter Benennung gelinderer Strafmittel häufig vorkommen, so geschiehet es, um nach dem einmal angenommenen Sprachgebrauche verständlich zu seyn.

Drittens: der boshafte, wahre Verbrecher also, der bey gesunder Vernunft, und vollkommener Ueberlegung das Gesetz übertritt, wird im eigentlichem Verstande bestraft. Und zwar ist er in der Maafse sträflich, als er das Gesetz durch überlegte Thatsache wirklich übertreten hat.

Aus allem diesen folgt nun, a) dafs diese Bestrafung so grofs seyn müsse, als wirklich nöthig ist, um andere von solchen Verbrechen abzuhalten. b) Dafs sie aber nicht gröfser seyn dürfe, als nöthig ist; indem es unbillig, und demjenigen zuwider ist, was ein Mensch dem andern schuldig ist, wenn man einem Verbrecher mehr Leid zufüget, als wegen der öffentlichen Sicher-

Sicherheit unumgänglich nöthig ist. c) Da die Strafbarkeit ihren Grund in den Verbrechen hat, so folgt von selbst daraus, das der Verbrecher müsse bestraft werden, und dafs es ungerecht sey, die Strafe auf dessen Erben auszudehnen. Es folgt ferner daraus, d) dafs, wo viele Verbrecher und boshafte Theilhaber des Verbrechens sind, auch ieder derselben von rechtswegen bestraft werde, und dafs e) der boshafte Verbrecher die Strafe empfinden müsse, indem sie sonst im eigentlichen Verstande keine Strafe ist, und niemand abschrecken kann. Die Bestrafung kann daher auf eine zweckmäfsige Weifse weder an Todten, noch an Wahnsinnigen, noch gefühllosen Kranken, angewandt werden. Endlich f) folgt daraus, dafs die Bestrafung so bald als möglich folgen müsse, damit das abschrekende Beyspiel um so eher würke.

Nach dieser Voraussetzung wird nunmehr das eigentliche Kriminal-Gesetz folgen.

Alles vorhergehende war eigentlich eine Weissung für den Richter, und zeigt, aus welchem Gesichtspunkte die Verbrechen als strafbar anzusehen sind, und wie ihm eigentlich oblieget, einzig und allein auf Erörterung der Wahrheit zu sehen. In folgendem Abschnitte wird nunmehr ieder Mensch in dem Staate vor Strafen gewarnet, und wird ihm voraus dasienige vorher gesagt, was er bey Unternehmung boshafter Handlungen, und sträflicher Nachlässigkeit zu erwarten hat. Diese Bekanntmachung ist zwekmäfsig, billig und nothwendig

wendig, indem keiner alsdann sich beschweren kann, daſs ihm Verbot, Bestrafung, und deren Schärfe unbekannt gewesen.

Die Schärfe wird um so mehr in diesem Gesetze in voller Maaſse ausgedrückt, als nach vorliegendem Systeme der Richter in keinem Falle die Strafe schärft, sondern nur bis auf einen gewissen Grad mildern kann. Hierdurch wird der so wichtige Zweck erzielt: daſs nicht die menschliche Willkühr, sondern der eigentliche Buchstab des Gesetzes, die Strafe anordne.

Sechster Abschnitt.
Bestimmung der Strafen.

Erstes Kapitel.
Von Strafen, so hier anzuwenden sind, und von deren Würkungs-Absicht auf das Publikum, und auf die Verbrecher.

1. In Zukunft sollen die Verbrechen nur mit folgenden Strafen belegt werden, und von allen andern soll künftighin keine Rede mehr seyn.

a) Enthauptung.

b) Enthauptung mit Aufsteckung des Kopfs auf einen Pfahl.

c) öffent-

c) Oeffentliche Schläge.
d) Zuchthaus, mit öffentlichem Schanzen.
e) Zuchthaus mit Schanzarbeit, angeschmiedet zu verrichten.
f) Zuchthaus als Gefängniſs.
g) Oeffentliche Aufstellung mit einer Tafel.
h) Ausschliessung von Zeugnissen, Innungen und öffentlichen Aemtern.
i) Polizeyhaus.
k) Geldstrafe.
l) Entfernung aus dem Lande.
m) Besonderes Gefängniſs.
n) Hausarrest.
o) Confiscation des selbst erworbenen Vermögens.

Man siehet als zweckmäſsig an, zum Gebrauche des Richters zu bemerken, welche Absicht man bey ieder dieser Strafen, sowohl wegen der Verbrecher, als wegen des Publikums beziele.

A) *Enthauptung.*

Die Beraubung des Lebens ist nach allgemeiner Erfahrung dasienige, was andere Verbrecher von ihrer Ruchlosigkeit am meisten abschröckt. Weil iedem die Liebe zum Leben angebohren ist. Weil durch diese Strafe aller zeitliche Genuſs, und alle Aussichten verbesserter Schicksale auf einmal zernichtet sind. Dieses Strafmittel darf aber offenbar nur dann ange-

angewendet werden, wenn es nöthig ist, sehr grofsen Verbrechen Einhalt zu thun.

B) *Enthauptung mit Aufsteckung des Kopfs auf einen Pfahl.*

Dieses ist die Schärfung obiger Todtesstrafe. Obgleich der Enthauptete dadurch nichts leidet, so macht es doch Eindruck auf die Einbildungskraft und Besinnung der Zuschauer. Die Erfahrung und Kenntnifs der menschlichen Natur beweisen, dafs solche Eindrücke auf Bestimmung menschlicher Handlungen sehr vieles wirken. Diese Schärfung wird alsdann angewendet, wenn die Bosheit des Verbrechens durch erfinderische Grausamkeit, Arglist und Tücke, besonders hoch gestiegen.

C) *Oeffentliche Schläge.*

Oeffentliche Schläge sind ein abschrökendes Strafmittel bey solchen Fällen, wo der Verbrecher sich besondere Grausamkeit zur Last kommen lassen, ohne iedoch zur Lebensstrafe geeignet zu seyn. Sie sind abschrökend für andere Verbrecher, und erregen in dem Verbrecher selbst das Gefühl eines körperlichen Schmerzes, so er anderen boshaft zugefüget hat. Doch verstehet sich, dafs dieses Strafmittel nur nach Leibesverhältnissen des Verbrechers angewendet werden könne.

D) Zucht-

D) *Zuchthaus mit öffentlichem Schanzen.*

Die schlechte Kleidung, schlechte Kost, und anstrengende Arbeit der Züchtlinge, ist ein angemessenes Verwarnungsmittel gegen dieienigen, welche durch sinnliche Begierden und Haabsucht zu Verbrechen verleitet werden. Der Verbrecher selbst, wird an Arbeitsamkeit gewöhnt.

E) *Zuchthaus mit Schanzenarbeit, angeschmiedet zu verrichten.*

Nebst obigen Absichten sind die Ketten ein Verwarnungsmittel gegen zügellosen Ungehorsam, Empörung und der gleichen.

F) *Zuchthaus als Gefängniß.*

Dieses Strafmittel tritt nur in den besonderen Fällen ein, wo aus wichtigen Ursachen der Verbrecher keine öffentliche Schanzarbeit verrichten kann. Z. B. wenn er durch seinen Körperbau zu solcher Arbeit untüchtig ist, und wenn er wegen eines Lasters bestraft wird, dessen Bekanntmachung man möglichst vermeidet, wohin widernatürliche Unzucht zu rechnen, u. s. w. Doch verstehet sich, daſs sie im Zuchthause selbsten zur Arbeit anzuhalten sind.

G) *Oeffentliche Ausstellung mit einer Tafel.*

Dieses Strafmittel ist eine Verwarnung gegen einen hohen Grad von Bosheit, der sich unter Heucheley

ley und Tücke verbirgt. Und dann ist es auch eine Verwarnung und Demüthigung gegen grofsen Grad von Bosheit, der aus Hafs, Neid oder Rache, zu schweren Verbrechen führt, und wird auch aus diesen Gesichtspunkten auf den bestraften Verbrecher selbst wirken.

H) *Ausschliessung von öffentlichen Aemtern.*

Der Verlust der Ehre, ist eine der empfindlichsten Strafen, die sehr oft misbraucht worden, und zum Theil auf dunkeln und irrigen Begriffen ruhet. Die Ehre ist eigentlich nichts anders, als Hochachtung für Tugend und moralifch gute Eigenschaften; so wie Schande und Unehre nichts anders als Verachtung gegen vorsätzliche Bosheit und Laster sind. Diese Hochachtung und Verachtung, welche die Menschen wechselsweifse gegen einander haben, hängt nicht eigentlich von dem Urtheile des Richters ab, sondern ist eine nothwendige und unvermeidliche Folge der Thathandlungen selbst; ie nachdem als sie gut oder böse sind. Die sichtbaren Folgen der Verachtung und des Abscheues sind, dafs ehrliche, rechtschaffene Leute mit ruchlosen Menschen nichts wollen zu thun haben; ihren Worten nicht trauen; und dieselben im Umgange und Geschäften meiden. Diese wesentliche und unvermeidliche Folge dauert natürlicher weifse und billiger mafsen in solange, bis der ruchlofse Mensch hinlängliche und anhaltende Beweifse

seiner

seiner moralischen Besserung gegeben hat, und diese Beweisse müssen natürlicher Weifse um so gröfser und stärker seyn, ie nachdem dieienige Verbrechen gröfser sind, welche ihnen Abscheu und Verachtung zugezogen haben. Wenn aber solche Verbesserung erfolgt ist, so würde es ungerecht seyn, Abscheu und Verachtung fortzusetzen.

Eben nach diesen Grundbegriffen mufs der Staat gegen Verbrecher zu Werke gehen. Die allgemeine Meinung der Menschen stehet nicht in seiner Gewalt. Er kann also im eigentlichen Verstande keinen Verbrecher allgemein entehren. Aber das hängt von dem Staate ab, dafs er den Verbrecher von öffentlichen Aemtern, von gerichtlichen Zeugnissen, und von gandesherrlich errichteten Innungen ausschliefse, und dafs der Richter durch Urtheil und rechtliche Entscheidung bestimme, auf wie lange Zeit diese Ausschliesung dauren solle.

Diese Ausschliesung kann mithin weder ewig, noch unwiederruflich seyn, weil in iedem Menschen die Möglichkeit der Besserung immer liegt. Die Worte: Infamie und Entehrung müssen mithin in Zukunft von den Kriminal-Gesetzen und der peinlichen Gerichtsbarkeit in Zukunft ganz ausgeschlossen seyn. Statt dessen laute die Formel des Urtheils also: Beklagter wird wegen boshaftem Verbrechen auf so und so lange von öffentlichen Aemtern, Innungen, und gerichtlichen Zeugnissen ausgeschlossen, und erwartet

man

man, dafs derselbe mittlerweile durch seine Besserung sich des öffentlichen Vertrauens wieder würdig mache.

Die blose Saumseligkeit (*Culpa*) wird niemals durch solche Ausschliefsung bestraft, sondern blos die Bosheit (*Dolus*).

Zu wünschen und zu hoffen ist, dafs schiefe, falsche, und schädliche Begriffe von Entehrung durch diesen wahren und festen Gang des Kriminal-Rechts verbannet werden. Mancher würde sich gebessert haben, der durch den Begriff unauslöschlicher Infamie in Verzweiflung und ärgere Bosheit gestürzt worden.

I) *Polizeyhaus.*

Das Polizeyhaus ist eigentlich ein Besserungsmittel gegen Unbesonnenheit (*Culpa*). Darin ist die Unbesonnenheit von der Bosheit wesentlich unterschieden, dafs erstere Besserung, letztere Züchtigung erfordert. Zugleich ist es auch eine Verwarnung gegen Unbesonnenheit anderer.

K) *Geldstrafe.*

Die Geldstrafen können in manchen Fällen an die Stelle des Polizeyhauses eintreten, und sind an sich nicht entehrend. Sie sind gleichfalls Verwarnung gegen Unbesonnenheit. Verbrechen der Bosheiten müssen niemals mit Gelde bestraft werden.

L) *Entfernung aus dem Lande.*

Die Entfernung aus dem Lande geschiehet blos in solchen Fällen, wegen besonderer Umstände, und geäusserter Gesinnungen, die zu Unruhen oder Verführungen Anlaſs geben können. Sie wird in der Stille gegeben, ist auf keine Weiſse entehrend, kann anhaltende Irrthümer oder Unbesonnenheit treffen, aber niemals boshafte, entehrende Verbrechen. Denn ein Land darf dem andern keine boshafte Verbrecher zuschicken: da im Gegentheile die Fehler der Unbesonnenheit sehr oft von äusseren Umständen abhangen.

M) *Besonderes Gefängniſs.*

Die Gefängnisse sind oft der Aufenthalts-Ort, währender Untersuchung. Sie sind alsdann nicht entehrend, weil keine Bosheit erwiesen ist. In einzelnen Fällen wird manchmal das Zuchthaus in Kerkerstrafe verwandelt: wenn in solchem Falle im Urtheile der Kerker als Strafe boshafter Handlungen bestimmt wird; so ist er alsdann entehrend.

N) *Hausarrest.*

Der Hausarrest kann an die Stelle des Polizeyhauses auf richterliche Verfügung eintreten. Oder er ist ein Aufenthaltsort währender Untersuchung.

O) *Con-*

O.) *Confiscation des selbst erworbenen Vermögens.*

Die Confiscation des rechtmäsig ererbeten Vermögens kommt im gegenwärtigen Gesetzbuche nicht vor, weil dadurch die unschuldigen Verwandten des Verbrechers gestraft würden. Das selbsterworbene Vermögen aber, kann durch richterliches Erkenntnifs, in solchen Fällen confiscirt werden, wenn es auf eine Art erworben worden, welche in besondern Landesgesetzen unter Confiscations-Strafe nahmentlich verboten ist. Wenn sonst eine Betrügerey dabey vorgegangen, so wird dieses besonders, und nach seinen Verhältnissen bestraft.

Schliefslich werden hier zum Gebrauche des Richters einige Bemerkungen beygefügt:

Erstlich: hat man alle Graufsen erregende Martern entfernet, weil die Erfahrung und das Nachdenken beweifsen, dafs ein Volk sich daran gewöhnt, die Moralität um nichts besser wird, und Wohldenkende sich mit Recht gegen solche unnöthige Strenge empören.

Zweytens: hat man, so viel möglich, solche Strafen bestimmt, welche dem Verbrechen angemessen sind, und dessen Urquellen ohnmittelbar entgegen arbeiten. Dieses alles wird sich näher in folgendem Kapitel zeigen.

Drittens: bey Bestimmung der Strafen sind zwey Dinge zu beobachten: nämlich, deren Schärfe, und deren Dauer. Die Schärfe ist auf schwere einzelne Verbrechen anpassender. Das Andauren der Strafe ist minder grofsen, aber öfters wiederholten Verbrechen angemessen. Hierauf wird in Entwerfung des dritten Kapitels das Augenmerk gerichtet werden.

Zweytes Kapitel.
Praktische Bemerkungen über die Ursachen der Verbrechen.

In gegenwärtigem Kapitel wird man denienigen Gesichtspunkt angeben, nach welchem die Strafen auf einzelne Fälle in dem nächstfolgenden Kapitel bestimmt werden. Man glaubet nämlich, man müsse den Ursachen der Verbrechen nachdenken, und diesen Ursachen durch die zweckmäsigste Strafen entgegen arbeiten.

Die Menschenkenntnifs zeigt bei reiferem Nachdenken, wie bereits bemerkt worden, dafs alle Verbrechen sich aus folgenden Grundtrieben eigentlich herleiten lassen:

Erstlich: der vorletzte Hochmuth, der nichts neben sich dulten will, der durch den mindesten Widerstand gereitzt und aufgebracht wird, der sich alles erlaubt

laubt, um andere zu unterjochen oder zu verdrängen.
Dieser Hochmuth erzeugt eigentlich alle Verbrechen des
Hasses, des Neides und der Rache. Die eigentlichen
Eingriffe in persönliche Rechte entstehen aus diesem
Grundtriebe. Es folgt hieraus, daſs nichts mehr diesem
Grundtriebe gerade zu entgegen arbeitet, als die Strafen öffentlicher Beschimpfungen, abhängiger Knechtschaft, und Erniedrigung.

Zweytens: der thierische Hang zur Sinnlichkeit, welcher der menschlichen Natur eigen ist, gibt
den eigentlichen Grundtrieb ab, woraus alle diejenige
Verbrechen erzeugt werden, welche aus Habsucht,
Müssiggang, und Schwelgerey, entstehen. Dahin
sind hauptsächlich diejenigen Verbrechen zu rechnen,
welche in das Eigenthumsrecht eingreifen, und es ist
offenbar, daſs keine Strafe dem Miſsbrauche solchen
Grundtriebs mehr entgegen arbeiten kann, als solche,
welche den Verbrecher durch Armuth, Enthaltsamkeit,
schlechte Kost, angestrengte Bemühung, schlechte
Kleidung, mit einem Worte, durch Entziehung alles
sinnlichen Genusses züchtiget.

Drittens: derjenige Grundtrieb, welcher allen
wohlgeordneten Einrichtungen des Staats entgegen
arbeitet, ist ein unruhiger, zügelloser Hang, in allem
seinen Launen, Willen, und lasterhaften Neigungen
zu folgen. Diesem empörenden Geiste, welcher Meutereyen und Unruhen erzeugt, öffentliche Ruhe und
Sicherheit stöhrt, kann durch keine Gattung der Stra-

fen sichrer entgegen gearbeitet werden, als durch Beraubung der Freyheit. Uebrigens,

Viertens: ist es wohl allerdings an dem, daſs in den meisten Verbrechen vermischte Triebe zum Grunde liegen, die der Verbrecher sich nicht immer deutlich selbst erkläret. So viel ist aber auch wahr, daſs immer ein leidenschaftlicher Trieb herrschend ist: und diesem muſs eigentlich durch Furcht der Strafe entgegen gearbeitet werden.

Fünftens: diese Bemerkungen sind hier in der Absicht zum Gebrauche des Richters angeführt worden, damit er bey Anwendung des Strafgesetzes darauf Rüksicht nehme. Denn da er nach Umständen zwischen den Stufen der Bosheit oder Unbesonnenheit entscheidet: so ist es gut, wenn diese Entscheidung immer so ausfällt, daſs, erstlich: Hochmuthsverbrechen durch Demüthigung; zweytens; Sinnlichkeitsverbrechen, durch physische Leiden; und drittens: Ungehorsam durch Beraubung der Freyheit, bestraft werden. Die Verbrechen sind gewissermaſsen als moralische Krankheiten zu betrachten. Im vorigen Kapitel kam die Wirkung der Arzneyen vor; in diesem Kapitel wurden die Ursachen der Krankheiten untersucht. Das folgende Kapitel wird gleichsam die Formeln der Rezepte oder Vorschriften enthalten.

Drittes Kapitel.
Strafgesetze.

Erstens.
Eingriffe in die persönlichen Rechte.

§. I.
Vom Aberglauben und Zauberey.

Aberglauben ist eine Schwachheit des Verstandes, den Betrüger benutzen, um unter dem Scheine von Beschwörungen, Schatzgräbereyen, Geistererscheinungen, einfältige Leute um ihr Vermögen zu bringen.

1) Wer durch solche vorbereitete Verstellungen andere Leute in Schaden bringt, und Erfinder und Anführer solcher arglistigen Anstalten ist, wird wegen diesen grofsen Grad von Bosheit ausgestellt, mit der Tafel: *angeblicher Zauberer;* und kommt dann auf 10 Iahre in das Zuchthaus, mit Schanzarbeit.

2) Wer sich wissentlich zu solchem Betruge als Gehülfe brauchen läfst: wird auf 5 Iahre mit Schanze und Zuchthaus bestraft.

3) Wer aus eignem Irrwahn, ohne eigene Gewinnsucht, andere zu abergläubischen Handlungen beredet, und dadurch durch abergläubischen Kostenaufwand ihrem Vermögen, oder sonst ihrer Gesundheit schadet, der kommt wegen dieser groben Unbesonnenheit auf ein Iahr in das Polizeyhaus.

4) Wer an solchen abergläubischen Handlungen vorsätzlicher Weise, iedoch ohne Arglist, Antheil nimmt, wird von dem Richter scharf verwarnet, von dem Seelsorger unterrichtet.

5) Wer von ohngefähr hinzu kommt, ist ausser Verantwortung.

§. II.
Vom Meineyde.

Meineyd ist an sich ein schwehres Verbrechen, und beleidiget nebstdem die Rechte des Richters, welcher von iedem Untergebenen die Wahrheit zu erforschen berechtiget ist, und öffentliche Sicherheit wird dadurch ungewiſs.

1) Wer aus Haſs, Rachbegierde oder Habsucht, wissentlich und vorsätzlich, durch Meineyd einem andern einen groſsen Schaden zufüget, wird ausgestellt, mit der Tafel: *Meineydiger:* und kommt dann auf 20 Iahre ins Zuchthaus und zur Schanzarbeit.

2) Wer wissentlich einen Meineyd begehet, aus Furcht oder anderer Rücksicht, der wird wegen diesen minderen Grad von Bosheit auf 8 Iahre zum Zuchthause und Schanzenarbeit verurtheilt.

3) Wenn einer etwas als wahr beschwöret, davon er, nach eigenem Bewuſstseyn, nur ungewisse, irrige Kenntnisse hat, die er leichtlich berichtigen könnte: so wird diese groſse Unbesonnenheit mit zwey iähri-

jährigem Polizeyhause geahndet, wenn anders sein irriges Zeugniſs andern geschadet hat.

4) Wenn einer in solchem Falle seine irrigen Kenntnisse bey der Zeugnis - Ablegung nicht anders als mit vieler Mühe berichtigen konnte; so wird er von dem Richter ernstlich gewarnet; von dem Seelsorger besser belehrt.

5) Wenn einer nach innerer Ueberzeugung der Gewiſsheit geschworen; sich aber aus unvermeidlichem Truge der Sinnen irrte: so ist er ohne allen Vorwurf.

§. III.
Versuchter Selbstmord und eigene Verstümmelung.

1) Wer sich boshafter Weisse an seinen Gliedern selbst verstümmelt, um sich zum Arbeiten, oder Kriegsdiensten untauglich zu machen; oder um als Bettler das Mitleiden zu erregen, der kommt auf zwey Jahre ins Zuchthaus, und wird 5 mal in der Woche mit Wasser und Brod gespeiſst. Eben so werden die Weibspersonen bestraft, welche ihre Leibesfrucht vor dem 6ten Monate der Schwangerschafft abtreiben. Nach dieser Zeit wird dieses Abtreiben als Kindermord bestraft.

2) Wer einem andern zu solcher Selbstverstümmlung gerathen, oder dazu mitgewürket hat, kommt

kommt auf ein Jahr in das Zuchthaus, nebst Schanzenarbeit.

3) Wer sich in Absicht auf Selbstmord verwundet, und wieder hergestellt wird, der wird als krank in seinem Hause, (und wenn er dürftig ist) im Polizeyhause, auf ein halbes Jahr verpflegt, dem Arzte und dem Seelsorger anempfohlen.

4) Wer das Vorhaben des Selbstmords bey tiefer Schwehrmuth ernstlich bezeugt: wird als Wahnsinniger, auf so lange es nöthig ist, bewacht, und auser Stand gesezt, sich selbst zu schaden; wofür eigentlich die Polizey-Obrigkeit zu sorgen hat.

5) Selbstverwundungen durch Zufall gehören ohnehin nicht hieher.

§. IV.
Von Verbrechen, die in der Trunkenheit begangen worden.

1) Wenn einer überwiesen ist, daſs er ein Verbrechen vorher kaltblütig überlegt, und fest beschlieſset, daſs er sich vorsätzlicher Weise deswegen betrinket, um sein Vorhaben im Rausche desto kühner auszuführen: so wird sein alsdann begangenes Verbrechen eben so scharf bestraft, als wenn er es nüchtern begangen hätte; Es sey nun Verwundung, Mord, Raub, Nothzucht, oder Diebstahl, und so weiter.

2) Wenn

2) Wenn einer vorher ein Verbrechen beschlossen hat, sich alsdann zufälliger Weise betrinket, und in der Trunkenheit das Verbrechen begehet: so wird die Todesstrafe in lebenslängliches Zuchthaus oder Schanzenstrafe verändert. Bey andern Strafen wird die Strafzeit um ein Drittheil vermindert.

3) Wer ohne vorhergegangenen Vorsatz in der Trunkenheit ein Verbrechen begehet: es sey nun Verwundung, Mord, Brand, oder dergleichen Fälle, die unersätzlichen Schaden verursachen: der kommt auf 10 Iahre in das Polizeyhaus.

4) Wenn der Schaden ersetzt werden kann, und ersetzt ist, so kommt er auf ein Iahr in das Polizeyhaus, welches der Richter doch auch in Geldstrafe verwandeln kann.

5) Zufällige, kleine Beschädigungen, die im Trunke geschehen, und wieder vergütet werden, sind Polizey-Gegenstände, und gehören nicht hieher.

§. V.
Unzucht.

1) Wer mit vorsätzlicher Bosheit durch Gewalt oder Arglist eine Person zu seinen sinnlichen Begierden mißbraucht, wird zu lebenslänglichem Zuchthause und Schanzenarbeit verdammt, dahin gehören: a) vorsätzliche, vorbereitete Nothzucht, b) verstellte Trauung, durch vermummte angebliche Geistliche, c) Verheurathung mit mehreren, zugleich lebenden Ehegatten, d) Miß-

d) Mißbrauch durch Hülfe betäubender Getränke, e) Mißbrauch unschuldiger, unwissender Kinder, f) wissentliche Verbergung nächster Blutsverwandschaft im ersten Grade.

2) Wer sich zu solchen gewaltthätigen oder arglistigen Verbrechen ohne vorhergegangene Ueberlegung hinreißen läßt, oder wer als Verführer, Rathgeber, Kuppler, Hurenwirth, Gehülfe, Mitverbrecher, daran Antheil nimmt, wird mit 10 Jährigen Zuchthause und Schanzenarbeit bestraft.

3) Der einfache Ehebruch wird mit einem Jahre Polizeyhause der doppelte Ehebruch mit anderthalb Jahren Polizeyhaus bestrafet.

4) Auf fleischliche Vergehungen lediger Personen, stehet ein halb Jahr Polizeyhaus, welches bey Wiederholungen verdoppelt wird. Der Richter kann diese Strafe auch in Geldabgaben verwandeln, auch nach Umständen bis auf 6 Wochen mäsigen.

5) Wenn der beleidigte Theil nicht klagt, oder der Klage entsagt, oder mit demselben eine wirkliche Heurath (oder bey Eheleuten, Aussöhnung) erfolgt: so hören Untersuchung und Strafen auf, und wenn sie nicht angefangen sind, finden sie gar nicht statt.

§. VI.
Beschimpfungen.

1) Wer einen andern, auf eine ausgesonnene Weise, vorsätzlich dergestalt verläumdet oder verhöhnt,

daß

daſs er um Leben oder Ehre kommt: der wird öffentlich ausgestellt mit der Tafel: *Verläumder*, und kommt dann auf 20 Iahre ins Zuchthaus, mit Schanzenarbeit.

2) Wenn aber der Schaden gänzlich ersetzt ist, der durch solche vorsätzliche Verläumdung verursacht worden: so kommt der Verläumder auf 5 Iahre ins Zuchthaus, mit Schanzarbeit.

3) Wenn einer einen andern mit Worten oder Thätlichkeit im Iähzorne beschimpfet: so ist er ihm Abbittung und Ehrenerklärung schuldig; und kommt dann auf 6 Wochen ins Polizeyhaus. Diese Strafe kann der Richter in Geld verwandeln; und der Beleidigte verbitten.

4) Wenn die beleidigenden Worte in Abwesenheit des Beleidigten unter wenigen Vertrauten fallen, so ist Abbitte nebst Ehren-Erklärung hinlänglich.

5) Wenn keine Absicht zu beleidigen war, und nur Miſsverstand da ist, so gehört die Sache nicht hieher. Ehren-Erklärung ist genug. Wenn der beleidigte Theil sich vergleicht, und nicht mehr auf Bestrafung bestehet: so werden Iniurien-Sachen weder weiter untersucht, noch bestraft; es sey dann, daſs dadurch groſses, öffentliches Aufsehen erregt worden.

§. VII.
Menschen - Raub.

1) Wer vorsätzlicher Weise, nach vorhergegangener Vorbereitung, durch Gewalt oder Arglist

einen Menschen seiner Freyheit beraubet; wird auf 5 Iahre mit Zuchthause oder Schanzenarbeit bestrafet, und seine Füsse werden in Eisen geschmiedet. Hierher gehöret a) eigenmächtige Einsperrung, b) das Menschenkapern fremder Werber.

2) Wenn der Beleidigte wieder seine Freyheit erhält: so wird die Strafzeit um die Hälfte vermindert.

3) Wenn sich ein Diener oder Unterthan als Werkzeug solchen Menschenraubes aus dem Irrwahne gebrauchen läfst, dafs er hierinn seinem Herrn Folge zu leisten schuldig sey: so kommt er wegen dieser groben Unbesonnenheit auf 4 Iahre ins Gefängnifs.

4) Wenn einer Nachricht von vorhabendem Menschen-Raube hat, und die Obrigkeit nicht davon benachrichtiget: so kommt er wegen dieser Unbesonnenheit ein halbes Iahr in das Polizeyhaus: der Richter kann dieses iedoch in Geldstrafe verändern.

5) Wer sich als Werkzeug gebrauchen läfst, ohne die Absicht zu wissen, oder auf keine Weise erfahren zu können, ist nicht sträflich.

§. VIII.
Mord und Verwundung.

1) Wer einen andern vorsätzlicher, oder boshafter Weise ermordet: wird enthauptet.

2) Wer einem andern vorsätzlicher, und boshafter Weise eine Wunde beybringt, oder seine Gesundheit durch Gift zerstöret, oder durch andere Mittel

vorsätzlichen Nachtheil verursacht: wird mit 20 jähriger Zuchthaus- und Schanzenarbeit bestraft. Die Folgen des Duells werden eben so, wie jede andere Ermordung oder Verwundung bestraft.

Wenn in der Mordthat, oder Verwundung, oder Gesundheitsbeschädigung, ein besonderer Grad von Bosheit vorkommt: so werden die Strafen folgendermaßen geschärft: 1) der Kopf des enthaupteten Mörders wird auf einen Pfahl gesteckt. 2) Der Verbrecher der Verwundung bekommt öffentlich 20 Prügel auf den Hintern, ehe er ins Zuchthaus und zur Schanzarbeit gebracht wird. Diese Schärfung kommt in folgenden Fällen vor: a) im Meuchelmorde oder dessen vorhabenden Verwundung. b) Giftmischung. c) Wenn der Beleidigte oder Ermordete sein Blutsverwandter im ersten Grade ist. d) Wenn sie vertraute Freunde sind. e) Wenn sie Vormund oder Mündel sind. f) Wenn sie Herr oder Diener sind. g) Wenn sie Herr oder Unterthan des Beleidigten sind. h) Wenn sie Amtsvorgesetzte oder Untergebene sind. i) Wenn besondere Grausamkeiten bey dem Verbrechen vorgehen. k) Wenn das Verbrechen mehrmalen wiederholt worden.

3) Wer im gereizten Jähzorne einen andern ermordet, kommt auf 10 Jahre in das Polizeyhaus. Wer im gereitztem Zorne einen andern schwehr verwundet: kommt auf 5 Jahre in das Polizeyhaus. Wenn einer solchen Mord oder Verwundung hindern kann, und

nicht

nicht hindert: so kommt er auf ein Iahr in das Polizeyhaus. Kindermord im Augenblicke der Geburt, ohne vorhergehenden Vorsatz, ist der Betäubung zuzuschreiben, wird mit 10 Iahren Gefängnifs bestraft. Bey vorhergehendem Vorsatze aber, stehet Enthauptung auf dieses Verbrechen. Aussetzung der Kinder wird mit 10 Iahren Zuchthaus bestraft.

Wer ferner überhaupt a) von vorhabenden Mordthaten oder Verwundungen Wissenschaft hat, und nicht anzeigt; b) Wer sich als Werkzeug gebrauchen läfst, ohne die böse Absicht zu wissen, die er aber vernünftiger Weise vermuthen konnte; diese alle werden gleichfalls mit 10 Iahren Polizeyhaus bestraft.

4) Wer gefährliche Dinge ohnvorsichtig gebraucht oder hergibt, und dadurch Unglück verursacht, kommt auf ein halbes Iahr in das Polizeyhaus. Dahin gehöret: z. B. a) Wer mit Feuergewehre unvorsichtig verwundet. b) Der Apotheker, der Gift hergibt, ohne den Gebrauch zu wissen. c) Der Gift statt Arzney aus Irrthum hergiebt, u. s. w.

5) Der Verwundete oder Beschädigte kann Schmerzgeld und Entschädigung verlangen; welches von dem Richter, nach Verhältnisse seiner Versäumnifs und seines Leidens angesetzt wird.

Zweytens.

Verbrechen gegen das Eigenthums-Recht.

§. I.

Von dem Raube.

1) Der vorsätzliche Räuber, der einem andern, nach vorhergegangener Vorbereitung, sein Eigenthum hinweg nimmt, die Grenzsteine weiter rückt, nach und nach sehr viel abackert, eine Erbmasse vor deren Besitznehmung ausplündert, wird mit 10 jährigem Zuchthause und Schanzenarbeit bestrafet, seine Füße in Eisen geschmiedet, und wird 4mal in der Woche mit Wasser und Brode genährt. Wenn solcher Raub auf öffentlicher Landesstraße geschiehet, deren Sicherheit äußerst wichtig ist: so wird die Strafzeit verdoppelt.

2) Wer solchen Raub, ohne vorhergehende Vorbereitung, bey zufällig sich ergebender Gelegenheit, begehet: wird mit 6 jährigem Zuchthause und Schanzenarbeit bestrafet, und wird 4mal in der Woche mit Wasser und Brode genähret. Geschiehet dieses auf der Landstraße: so wird die Strafzeit verdoppelt.

3) Wenn Eheweiber, Kinder, Knechte, Untergebene, sich zu Räubereyen als unwissende Werkzeuge gebrauchen lassen, und zwar nicht aus Habsucht, sondern aus Furcht vor ihren Vorgesetzten, und

aus irrigen Begriffen; so kommen sie wegen dieser Unbesonnenheit auf 4 Iahre ins Polizeyhaus.

4) Wenn iemand bewufste Räubereyen nicht anzeigt, verdächtige geraubte Sachen kauft, so kommt er auf ein Iahr in das Polizeyhaus.

§. II.
Vom Diebstahle.

1) Der vorsätzliche Dieb, der einen andern nach vorhergegangener Vorbereitung bestiehlt; wird 10 Iahre lang mit Zuchthaus und Schanzenarbeit bestraft, und wird wöchentlich 4mal mit Wasser und Brod genährt; dahin gehören: a) Diebe mit Einbruch. b) Beutelschneider. c) Diebe deren geringe aber sehr oft wiederholte Diebstähle zur Gewohnheit geworden.

2) Einfacher Diebstahl, ohne vorhergehenden Vorsatz oder Vorbereitung, wird mit einem Iahre Zuchthaus und Schanzenarbeit bestraft, und der Verbrecher wird 4mal in der Woche mit Wasser und Brod genährt.

Hierher gehören alle boshafte Mitschuldige, und boshafte wissentliche Verhehler der Diebstähle.

3) Wenn Eheweiber, Kinder, Knechte, Untergebene, sich unwissend zu Diebstählen als Werkzeuge gebrauchen lassen: und zwar nicht aus Habsucht, sondern aus unwahrscheinlichen Irrthum; so kommen sie wegen

wegen dieser groben Unbesonnenheit auf 3 Iahr ins Gefängnifs.

4) Wenn iemand einen bewufsten Diebstahl nicht anzeigt, verdächtige gestohlne Sachen kauft, so kommt er auf ein Iahr in das Polizeyhaus; diese Strafe kann iedoch der Richter in Geldstrafe verwandeln.

§. III.
Verfälschung.

1) Wer öffentliche Urkunden, Landesherrliche Siegel, Handschriften, Maas und Gewicht, aus boshafter Absicht verfälscht, um andern zu schaden, wird öffentlich ausgestellt, mit der Tafel: *Verfälscher:* kommt dann auf 10 Iahre ins Zuchthaus nebst Schanzarbeit.

2) Wer sich zu Verfälschungen als Gehülfe oder Werkzeug wissentlich gebrauchen läfst: kommt auf 6 Iahre ins Zuchthaus nebst Schanzarbeit.

3) Wer sich als Werkzeug zu Verfälschungen gebrauchen läfst, ohne von der bösen Absicht versichert zu seyn, ist dennoch sträflich, wenn die Umstände sehr verdächtig sind, und kommt wegen solcher Unbesonnenheit auf 4 Iahr ins Polizeyhaus. Dahin gehören, z. B. Betschaftstecher, Zeugschmiede u. s. w., die sich hierzu gebrauchen lassen.

4) Wer sich durch einige Wahrscheinlichkeit zu solchen Schritten verleiten läfst, wird we-

gen dieser Unbesonnenheit für die Zukunft verwarnet.

5) Wenn in solchem Falle ganz wahrscheinlich ist, daſs die vorhabende Thatsache unschuldig sey: so ist derjenige, der sich dazu in guter Meinung gebrauchen läſst, ohne Vorwurf.

§. IV
Betrügereyen.

1) Vorsätzliche, wissentliche Betrügereyen mit schlechten verdorbenen Waaren; Uebersetzung des Werths; Bedingnisse der Kontrakte und Verträge, Anatocismus, und dergleichen, werden mit einem Iahre Zuchthaus und Schanzenarbeit bestraft. Die Strafe wird bey Wiederholungen verdoppelt.

2) Wer zu solchen Betrügereyen wissentlich mitwürkt: wird mit halbjährigem Zuchthause und Schanzarbeit bestraft.

3) Wenn sich einer ohnwissend als Werkzeug gebrauchen läst, und die Umstände sind sehr verdächtig: so wird seine Unbesonnenheit mit halbjährigem Polizeyhause geahndet.

4) Sind die Umstände nur einigermaſsen verdächtig: so wird er scharf verwarnet.

5) Accis-Unterschleife werden Patentmäsig mit Gelde bestraft: in dessen Ermangelung werden 6 Wochen Polizeyhaus zuerkannt.

§. V.

§. V.
Wucher.

1) Wer aus vorsätzlicher Bosheit einem andern schadet, durch verbotene Zinsen, Zurechnung der Zinsen zum Kapitale; angegebene schlechte Waaren, oder sonsten durch Künste des Wuchers: dem wird sein selbsterworbenes Vermögen (ausschlüfslich der von andern zugefallenen Erbschaften) confiscirt, zum Besten der Straf-Kasse: und er kommt auf ein halbes Iahr in das Zuchthaus.

2) Wer sich dazu als Unterhändler oder Werkzeug wirklich gebrauchen läfst: dessen selbsterworbenes Vermögen wird auf gleiche Weise zur Hälfte confiscirt, und er kommt auf ein halbes Iahr ins Zuchthaus.

3) Wenn ein Wucher dem Unterhändler ungewifs, aber doch nach allen Umständen verdächtig ist; so kommt solcher Unterhändler auf ein halbes Iahr ins Polizeyhaus.

4) Wenn, nach vorliegenden Umständen, nur ein geringer Verdacht da war: so wird solcher Unterhändler ernstlich verwarnet.

5) War keine Ursache zum Verdachte vorhanden: so ist auch keine Ursache zur Warnung da.

§. VI.
Feueranlegung.

1) Wer boshafter Weise an ein Gebäude Feuer anlegt, kommt auf 20 Iahre ins Zuchthaus, nebst Schanzenarbeit, an den Füssen in Eisen geschmiedet, nach vorhergehender Ausstellung mit der Tafel: *Mordbrenner*. Wenn der Mordbrenner es darauf anlegte, dafs Iemand durch den Brand das Leben verlöhre: so wird der Verbrecher als Mörder enthauptet.

2) Wer dazu wissentlich mit beywürkt, kommt auf 10 Iahre in das Zuchthaus, nebst Schanzenarbeit.

3) Wer Nachricht oder starke Vermuthung von anzulegendem Brand hat, und keine Anzeige macht: kommt wegen dieser Unbesonnenheit auf 2 Iahre in das Polizeyhaus.

4) Wer sich ohnwissend als Werkzeug gebrauchen läfst, entweder zu Anschaffung der Feuermaterialien oder sonsten: kann dennoch einer Unbesonnenheit sträflich seyn, wenn dabey verdächtige Umstände vorkommen: dieses wird mit einem Iahre Polizeyhaus geahndet.

5) Wenn aber gar keine Vermuthung böser Absicht da ist: so hört alle Verantwortung auf.

Drittens.

Verbrechen gegen allgemeine Ordnung.

§. I.

Stöhrung des Gottesdienstes.

1) Wer vorsätzlicher Weifse durch öffentliche Entweyhung und Lästerungen, diejenigen gottesdienstlichen Verrichtungen stöhret, die durch Religion eingeführet sind: kommt auf 20 Iahre ins Zuchthaus, mit Schanzenarbeit, die Füsse mit Eisen eingeschmiedet.

2) Wer an solchem Verbrechen wissentlich Theil genommen, ohne iedoch dessen Veranlasser und Anführer zu seyn; kommt auf 10 Iahre ins Zuchthaus mit Schanzenarbeit.

3) Wer durch leichtsinniges unbesonnenes Lermen, oder sonst ungebührliche Handlungen, die gottesdienstliche Verrichtungen stöhrt: kommt auf 3 Monate ins Polizeyhaus; bey Wiederholungen wird die Strafzeit verdoppelt.

4) Wer hierin geringen, iedoch einigermafsen auffallenden Leichtsinn begehet; wird von der Polizey-Obrigkeit gewarnet.

§. II.

§. II.
Aufruhr und Ungehorsam.

1) Wer vorsätzlicher Weise Aufruhr erreget gegen die Landesverfassung, und den Landesherrn, und seine Repräsentanten, in Ausübung ihres Amts gewaltthätig stöhrt; kommt auf 20 Iahre ins Zuchthaus, mit Schanzenarbeit, und die Füsse in Eisen geschmiedet. Wenn aber bey dieser Gelegenheit iemand ums Leben gekommen: so wird der Empörer enthauptet, und der Kopf auf einen Pfahl gesteckt.

2) Wer vorsätzlicher Weise an Empörungen Theil nimmt: kommt auf 10 Iahre ins Zuchthaus, mit Schanzenarbeit. Eben so wird derienige bestraft, welcher gewaltsamerweise einen Kerker erbricht, um einen andern zu befreyen.

3) Wer aus Unbesonnenheit gegen Landesverordnungen ungehorsam ist: kommt auf 6 Monate in das Polizeyhaus. Bey Wiederholungen wird die Strafzeit verdoppelt.

4) Wer Verordnungen nicht befolget, weil er sie nicht wußte, da er sie doch wissen konnte: wird mit 8 Tagen Hausarrest bestraft.

5) Wer eine Verordnung gar nicht wissen konnte: ist nicht sträflich durch Nichtbefolgung.

§. III.

§. III.
Gewaltthätigkeiten.

1) Wer aus eingebildetem Rechte einen andern vorsätzlicher Weise und eigenmächtig in seinem gesetzmäfsigen Besitzstande durch Thätlichkeiten stöhrt; wird mit 4 iährigem Gefängnisse bestraft.

2) Wer zu solcher Gewaltthätigkeit wissentlich mitwürket, kommt auf 2 Iahre ins Gefängnifs.

3) Wer solche Gewaltthätigkeiten, weder vorbereitet, noch mit Vorsatze ausübet, sondern gelegenheitlich und aus Unbesonnenheit begehet: bekommt 6 Wochen Hausarrest.

4) Wenn er wirklich glaubet, der Besitzstand sey für ihn: da er sich doch von dem Unrechte der gewagten Thätlichkeit leichtlich hätte überzeugen können; so wird er mit 8 Tagen Hausarrest bestraft; die aber der Richter in Geldstrafe verwandeln kann.

5) Wenn es ihm nach vorliegenden Umständen ganz unmöglich war, sich von seinem Irrthume zu überzeugen: so ist er nicht zu bestrafen.

§. IV.
Verrätherey.

1) Wer vorsätzlicher Weise die Landesverfassung an dessen Feinde und Gegner verräth, und überhaupt an dem Staate einen Hochverrath begehet, es geschehe nun durch Mifsbrauchung anvertrauter Ur-

kunden, anvertrauter Geheimnisse, anvertrauter Amtsgewalt, oder sonst auf irgend eine Weise; der wird ausgestellt, mit der Tafel: *Landesverräther:* kommt dann in zwanzigjähriges Zuchthaus mit Schanzenarbeit.

2) Wer wissentlich zu solcher Verrätherey mitwürkt, wird mit 10 jähriger Schanzenarbeit und Zuchthaus bestraft. Eben so wird verbothene Ausführung nöthiger Lebensmittel bestraft, wenn öffentliche Theurung daraus entstehet.

3) Wer aus Unbesonnenheit ein ihm anvertrautes Geheimniſs, und dadurch dem gemeinen Wesen wichtigen Nachtheil verursachet: kommt auf 10 Iahre in das Polizeyhaus.

4) Wenn solcher Schaden nicht beträchtlich ist: so kommt er auf ein Iahr in das Polizeyhaus.

5) Wenn solcher Schaden gar nicht vorzusehen war, und der Beschuldigte zu keinem Geheimniſs verpflichtet war: so ist er nicht sträflich.

§. V.
Falsches Münzen.

1) Wer falsche Münzen prägt, die an Schrot oder Korn zu gering sind, kommt auf 20 Iahre ins Zuchthaus nebst Schanzen-Arbeit.

2) Wer zum falschen Münzen wissentlich mitwürkt; auch wer wissentlich falsche Münzen in Umlauf bringt, die gute Münzen kippt, die wichtigern Mün-

Münzen aufwägt, und einschmelzt; kommt auf 10 Jahre ins Zuchthaus, nebst Schanzenarbeit.

3) Wer Landesherrliches Gepräge dergestalt nachmacht; dafs die Münzen in Schrot und Korn vollständig sind; und eigentlich kein Schaden daraus erfolgt: kommt auf 2 Iahre ins Polizeyhaus.

4) Wer aus Unbesonnenheit den Umlauf verdächtiger Münzsorten befördert, da er sie leichtlich prüfen könnte, oder wer Stempel, Strecken, Werkzeuge zum Münzen verschaft, da sich vernünftiger weise ein Misbrauch vermuthen läfst, kommt wegen dieser Umbesonnenheit auf 6 Monate in das Polizeyhaus.

5) Wenn in solchen Fällen kein Schein gegründeten Verdachts vorhanden wäre; so kann der Beschuldigte nicht gestraft werden.

§. VI.
Dienstvergehungen.

1) Wer boshafterweise wissentlich und vorsätzlich gegen die Pflichten in öffentlichen Stellen handelt, wird seines Dienstes entsetzt, und mit 20 jährigem Zuchthaus bestraft, wobey derselbe zweymal in der Woche mit Wasser und Brod zu nähren ist. Hierher gehören: a) wissentliche Ungerechtigkeit der Richter, b) wissentlicher Eingriff in die anvertraute Kasse, c) Prävarication des Advocaten, der beyden Parteien zugleich dient.

c) Der-

2) Derjenige Staatsbediente, der Bestechungen annimmt, falsche Rechnungen führt, Gelder bey der Einnahme veruntreuet; Untergebenen, oder der Herrschaft vorsätzlicher Weise durch üble Verwaltung schadet u. s. w.; wird seiner Stelle entseszt, und kommt auf 10 Iahre ins Zuchthaus. Diensterkaufungen und Simonie werden mit Verluste der erhaltenen Stelle bestraft.

3) Wer seine Dienstpflichten in wesentlichen Dingen aus Saumseligkeit vernachlässiget: verliehrt, nach vorhergegangener zweymaliger Verwarnung, seine Stelle: iedoch ohne Entehrung.

4) Solche Saumseligkeiten werden das erste und zweytemal durch Ermahnung oder geringe Geldstrafe geahndet; welches iedoch nicht zur peinlichen Gerichtsbarkeit gehöret; sondern von andern Landesstellen besorgt wird.

5) Wenn einer bey treuem Diensteifer, und nach angewandter grofser Sorgfalt, dennoch in Dienstsachen menschlicher Weise ohnwissend irrt: so ist er nicht sträflich.

Viertes Kapitel.

Verwechselung der Strafen.

Da in obigem Gesetze ohnmöglich alle denkbare Verhältnisse vorkommen konnten: so ist es

mög-

möglich, daß solche Vorfälle sich ereignen, wo der Richter billigermaßen eine Strafe statt der andern muß eintreten lassen. Solche Fälle unter andern können sich alsdann ergeben, wenn das Verbrechen von Personen höheren oder niederen Standes begangen wird, wie dann hierbey folgendes zu bemerken ist:

1) Personen von höherem Stande werden durch entehrende Strafen viel härter gezüchtiget, als wenn man diese nämlichen Strafen gegen Personen von niederem Stande anwendet. Ihre Erziehung, ihre Begriffe, alle ihre äußere und persönliche Verhältnisse, geben dieser Gattung Strafe für dieselbe eine offenbar größere Schärfe.

Eben daher sind öffentliche Leibesstrafen für boshafte Menschen aus höherem Stande die zweckmäßigsten und würksamsten. Diese Schärfe selbst aber muß auch in solchen Fällen mit in Betrachtung gezogen werden, wo wahrscheinliche Hofnungen der Besserung vorhanden sind, und mildernde Ursachen in der Sache selbst liegen.

2) Die rohe, starke Handarbeit ist für diejenigen, welche schon in gestandenen Iahren sind, und niemalen daran gewöhnt waren, äußerst schwehr, und in manchen Verhältnissen unmöglich. In solchen Umständen kann es oft zweckmäßig, und der Billigkeit gemäß seyn, denselben, statt der Schanzenarbeit, eine andere Beschäftigung anzuweisen, die ihren Kräften, Gewohnheiten, und Fähigkeiten angemessen ist.

Bey

Bey dieser Verwechselung der Strafarten, welche dem Ermessen des Richters nicht zu entziehen ist: müssen iedoch allezeit folgende wesentliche Grundsätze beobachtet werden: a) Verbrechen erwiesener *Bosheit* müssen allezeit mit Strafen der Bosheit belegt werden, sie mögen treffen wen sie wollen. Wenn also z. B. b) das Zuchthaus in Gefängnifs verändert wird, so mufs annoch die feyerliche Erklärung der Zeugnifs- und Dienst-Unfähigkeit beygefügt werden. c) Wenn eine Strafe der *Unbesonnenheit* abgeändert wird, so darf keine solche Strafe eintreten, welche auf irgend eine Weise als Strafe der Bosheit bestimmt ist. Daher d) kann z. B. das Polizeyhaus in einen Hausarrest oder Geldstrafe verwandelt werden, aber niemals in öffentliche Schläge. e) Die Stufen der Strafen dürfen auch nicht verwechselt werden. So kann z. B. der Hausarrest niemalen hinlänglich seyn, um einen hohen Grad von Unbesonnenheit zu strafen. Sondern hierzu gehöret wenigstens einige Tage Gefängnifs u. s. w. Ueberhaupt ist dem Ermessen des einsichtsvollen Richters die Mäfsigung der Strafe, und Zurechnung der Verbrechen vollkommen verstattet; iedoch in der Mafse, dafs die Grenzen zwischen Bosheit und Unbesonnenheit, und die Stufen in ihrem wesentlichen Unterschiede unerschüttert bleiben.

Fünftes Kapitel.
Von vermischten Verbrechen.

Die Billigkeit sowohl als die Menschenliebe, und die wesentlichen Verhältnisse erfordern, daſs ein Verbrecher wegen zusammengesetzten Verbrechen doch allemal mit einfacher Strafe belegt werde.

Es ereignet sich oft der Fall, daſs z. B. bey dem nämlichen Verbrechen, Raub, Diebstahl, Betrügereyen, und Verfälschungen, unter verschiedenen Beziehungen vorkommen. In solchen Fällen, darf niemals die verschiedne Strafe dieser verschiedenen Verbrechen entweder auf einmal oder nach und nach ausgeführt werden, sondern die Strafe des gröſseren Verbrechens ist für das ganze hinlänglich; kann jedoch in Beziehung der Strafzeit um den vierten Theil geschärft werden.

Die Ursache davon ist auch ganz natürlich diese: daſs ein Verbrechen im Grunde zwar mehr oder weniger boshaft ist, doch aber in sich eine einzelne Thatsache ist, zu welcher viele sträfliche Umstände einzeln mitwürken können, daher können einzelne Thatsachen auch nicht anders, als einfach bestraft werden.

Sechstes Kapitel.

Von den Grenzen der Polizeystrafen.

Die Polizeystrafen sind von peinlichen Strafen eigentlich darin wesentlich verschieden, daſs ihr Gegenstand geringer und unbeträchtlich ist. An sich selbst können bey Polizeyverbrechen solche Umstände vorkommen, welche die Folge eines geringen Grads von Bosheit sind, so z. B. a) kleine Hausdiebstähle von Eſswaren, b) Beschimpfungen und Schmähen unter geringen Leuten, im Trunke oder sonsten. c) Kleine Felddiebereyen. d) Nichtbefolgung verschiedener Polizeyverordnungen, u. s. w. Doch alle diese Verbrechen sind eben deſswegen nicht entehrend, weil sie geringe sind; weil der Verbrecher sich eben deswegen dabey denkt, daſs er dadurch nicht viel schade; und weil aus geringen Verbrechen sich eben nicht schlieſsen läſst, daſs ein solcher zu gröſseren Verbrechen fähig sey. Doch ist hierbey folgendes zu bemerken: 1) Wenn einer in dem nämlichen Polizeyverbrechen sehr oft schuldig befunden wird, obgleich es geringe ist: so wird die Sache dennoch deſswegen bedenklich, weil dieses eine böse Gewohnheit beweiſst, welche ernstlichere Ahndung verdient. Wenn also einer zum drittenmale bey der Polizeystelle über die nämliche Gattung von Polizeyverbrechen verklagt wird, so ist die Sache alsdann an die Kriminal-Gerichtsstelle zu verweiſsen, welche diesen letzten Vor-

gang

gang nach Befinden der Bosheit oder Unbesonnenheit bestrafe. Ausserdem gehören zum Gerichtszwange der Polizeystelle im ersten und zweyten Falle, a) dieienigen Diebstähle, deren Werth unter fünf Thaler beträgt. b) Dieienigen Schlägereyen, wo weder gefährliche Beschädigung, noch Wunden dabey vorkommen. c) Der Stadtrath besorgt die Beobachtung derienigen Gesetze, welche auf öffentliche Reinlichkeit, ungestöhrten Fleiß, öffentliche Ruhe und Ordnung abzielen. Aber alle solche Verbrechen, sind bey der dritten Wiederholung des nämlichen Verbrechens künftighin von den Gerichten nach obiger Vorschrift zu bestrafen.

2) Nächstdem können solche Verbrechen, welche an sich klein sind, eine gröfsere Sträflichkeit durch die Beziehung erhalten, welche zwischen dem Verbrecher und dem Beleidigten bestehet. So z. B., wenn eine Schlägerey der Kinder gegen ihre Eltern vorgehet, u. s. w. Diese Vorgänge sind zwar von dem Unteramte zu untersuchen, und scharf zu bestrafen. Wenn jedoch dadurch ein öffentliches, grofses Aergernifs erregt worden: so können in solchem Falle die Gerichte die Akten zur Einsicht abfordern, und die Strafe nach Gesetzen bestimmen.

3) Die Strafen der Polizeystellen sind:

a) Geldbufsen.
b) Gelinder Arrest.
c) Gefängnifs beym Speiser.

d) Hals-

d) Halseissen bey kleinen Feldfreveln.

e) Polizeyhaus auf 14 Tage.

welche alle mehr Besserungsmittel, als eigentliche Strafmittel sind, und das zwar aus den Gründen, welche oben bemerkt worden.

4) Zwischen den Polizeystellen und Criminalgerichten, muſs das genaueste wechselseitige Vertrauen bestehen, weil a) den Polizeystellen, Aemtern, und Stadtrathe, die höchstwichtige Aufsicht über Sitten der Untergebenen anvertraut ist; weil b) die Verbrecher meistens nur stufenweiſse zu schwehrern Verbrechen aufsteigen, und die Polizeystellen hauptsächlich im Stande sind, Nachrichten von vorhergehendem Lebenswandel zu geben, auf welchen es bey peinlichen Untersuchungen am meisten ankommt; und dann c) weil diejenigen, welche ihre Strafe ausgestanden haben, der besonderen Obsicht der Polizeystellen anempfohlen werden, um ihre Besserung daraus zu erkennen. Dieses geschiehet auch, wie bereits oben gesagt worden, in Betreff derjenigen, gegen welche zwar nichts bewiesen ist, die aber dennoch groſsen Verdacht gegen sich haben.

Siebentes Kapitel.
Von Verjährung.

Wenn ein Verbrecher sich 20 Iahre lang nach begangenem Verbrechen der Bosheit, ganz untadelhaft aufführt, so ist er von aller Bestrafung befreyet. Die Fehler der Unbesonnenheit werden bey ganz untadelhafter Aufführung nach 5 Iahren verziehen. Dieses gründet sich auf folgende wichtige Bemerkungen:

1) Der Hauptzweck aller Strafen ist die Sicherheit des Staats.

2) Dieses vieljährige untadelhafte Betragen, giebt starke und hinlängliche Vermuthung gebesserter Gesinnungen.

3) Solcher Zeitraum ist auch hinlänglich, um die Gewohnheit der Rechtschaffenheit angenommen zu haben.

4) Eine so vieljährige Verstellung ist kaum möglich, noch zu vermuthen. Doch muſs:

5) Diese Lossprechung durch eine feyerliche Erklärung der Richters nebst Anführung des vieljährigen guten Betragens geschehen. Und:

6) Ein solcher bleibt lebenslänglich unter genauerer Aufsicht der Polizey.

7) Wenn er aber in dem Laufe der 20 Iahre eine einzige sträfliche Handlung von irgend einer Art begangen hat, so hört diese Verjährung ganz auf.

8) Wenn

8) Wenn vor Verlaufe dieser 20 Iahre dieses Verbrechen entdeckt und angezeigt wird, so erfolgen Untersuchung und Bestrafung.

9) Die Privat-Entschädigung des Beleidigten wird niemal veriährt.

Achtes Kapitel.
Von entwichenen Gefangenen.

Wenn ein Gefangener während seiner Strafzeit entweicht, und man seiner nachher wieder habhaft wird: so muſs er seine Strafzeit annoch völlig ausstehen, iedoch wird ihm dieselbe wegen bloser Entweichung auf keine Weiſse geschärft, weil in dem Menschen ein natürlicher Hang ist, sich von seinen Leiden los zu machen, und wieder in Freyheit zu kommen.

Diese unterbrochene Strafzeit kann nicht veriähret werden, und muſs in solchen Fällen der Entwichene etwan um Begnadigung bey dem höchsten Landesherrn einkommen, wenn er sich in der bestimmten Zeitfrist auswärts sonst ganz ohne Tadel aufgeführt hat.

Wenn der entwichene Verbrecher bey der Entweichung seine Wächter oder Gefangen-Wärter verwundet, oder durch Diebstahl, Brand, u. d. g. Schaden

den zugefügt hat: so werden solche neue Verbrechen verhältnifsmäfsig untersucht, und nach vorgeschriebenen Gesetzen bestraft.

5) Wenn einer während seiner Strafzeit entweicht, so wird dessen Entweichung nebst der ihm zuerkannten Strafe, öffentlich und auswärts durch 3 Zeitungen, und 3fachen Anschlag bekannt gemacht, wobey die Beschreibung seiner Person mit beyzufügen ist.

Sorgfältig ist jedoch hierbey zu bemerken: ob die Strafe nach hiesigen Landesgesetzen entehrend ist, oder nicht.

4) Da an Bestrafung der Verbrecher doch in aller Absicht vieles gelegen ist: so wird a) den Wächtern und Gefangen-Wärtern deren Bewachung scharf und auf das genaueste anempfohlen. b) Sie müssen auf deren Innbehaltung äufserst wachsam seyn, und dafür gut stehen. Dagegen ist c) denselben verstattet, bey boshaften Verbrechern, die entweichen wollen, Gewalt zu brauchen, und sich gegen dieselbe mit Feuergewehren dieser Flucht zu wiedersetzen; und sie sind für den Erfolg nicht sträflich. d) Entweichet ein solcher boshafter Verbrecher, so verliert der Zuchthausverwalter sogleich seine Stelle.

ohne weitere Untersuchung. e) Der Polizeyhausverwalter darf sich gegen seine Anvertraute, keiner Waffen bedienen. Bey deren Entweichung wird die Sache untersucht, und der Verwalter wird nur in solchem Falle seines Dienstes entsetzt, wenn wirklich von seiner Seite einige Saumseligkeit begangen worden. Welches alles von weltlichen Gerichten in solchen Fällen zu untersuchen und zu bestrafen ist.

Drit-

Dritter Theil.

Wie die Verbrechen zu verhüten und zu vermeiden sind.

Erster Abschnitt.
Allgemeine Betrachtungen.

I.

Die Nothwendigkeit zu strafen, ist an sich um so trauriger, da, erstlich, so mancher durch Vorurtheil, Unwissenheit, üble Gewohnheit, Mangel an Erziehung, Körperbau, Sinnlichkeit, und zufällige Zusammenstimmung der Umstände, zu Fehlern und Verbrechen verleitet wird. Da, zweytens, durch die Bestrafungen selbst so mancher für den Staat unbrauchbar, und dem gemeinen Wesen zur Last wird; da er noch über diefs seinen Freunden, Bekannten, und Anverwandten, durch sein trauriges Schiksal, so manchen Kummer und Sorgen verursacht. Hierzu kommt noch, drittens, die Erfahrung aller Zeiten und aller Länder, dafs durch Vermehrung und Schärfung der Strafen die Menschen nicht gebessert werden: sondern bey einigen entstehen Starrsinn und Verstockung, bey andern werden verfeinerte Laster, Tücke, und, was das ärgste ist, eine Verstellung und Heuche-

Heucheley erzeugt, welche die Moralität im Grunde verderben.

Die Folgen dieser Verhältnisse sind: daſs an sehr vielen Orten die Zahl und Gröſse der Verbrechen mit Vermehrung und Schärfung der Strafe zunimmt. Und wenn man alsdann durch noch gröſsere Schärfe zu bessern glaubt, so wächst das Uebel noch immer weiter an, und ist alsdann der traurige Erfolg, daſs Laster und Verbrechen zunehmen, und das so nöthige Gefühl des Mitleidens durch öftere Martern der Verbrecher immer mehr abgestumpft wird.

Pflicht und Weisheit erfordern daher: a) daſs man auf die Quellen des Uebels zurück gehe. b) Daſs man die nöthigen Mittel einschlage, wodurch demselben gesteuert werden könne. c) Daſs man durch guten Unterricht die Wahrheits-Erkenntniſs vermehre. d) Daſs man die Gelegenheiten zu Ausschweifungen und Verführungen, so viel möglich ist, abschneide. Daſs man e) dieienigen bessere, welche würklich gefallen sind. Daſs daher f) die Verbrecher, selbst während der Zeit ihrer Bestrafung, so viel möglich, zu guten brauchbaren Menschen umgebildet werden, welche g) richtige Begriffe von Rechtschaffenheit und Wahrheit, und h) die Gewohnheit nützlicher Beschäftigungen, durch anhaltende zweckmäſsige Arbeit erhalten. Hierzu i) würde eine bessere Einrichtung des Polizeyhauses; k) eine bessere Einrichtung des Zuchthauses, und l) der Gefängnisse erforderlich seyn. m) In

m) In dieser Absicht wird ferner nöthig seyn, daſs die Gerichte sorgfältig darauf aufmerksam werden, welche Verbrechen am meisten im Schwange gehen, und daſs sie n) hiervon auch die Regierung benachrichtigen, damit durch gute Erziehungs-Anstalten, beſsern Religions-Unterricht, und genauere Polizey-Aufsicht, diesen Ursachen der Verbrechen von Grund aus gesteuert werde. Diese Gegenstände sollen alle im gegenwärtigen Theile dieser Vorschrift mehr beleuchtet werden.

Erstes Kapitel.

Von den Ursachen der Verbrechen.

Die Hauptursache der Verbrechen bestehet im herrschenden Hange zur Sinnlichkeit, die den Menschen nach und nach in Ausschweifungen, und stufenweise in gröſsere Verbrechen versenkt. Der Gang dieser Leidenschaften ist verschieden, nach der Gemüthsart und den Anlagen der Verbrecher. Bey Menschen von vieler Kraft, Muth, und Entschlossenheit, entstehen die kühnen Verbrechen, welche das Gepräge der Gewaltsamkeit tragen, wie z. B. Empörung, Raub und Einbruch, Verwundungen, Nothzucht u. s. w. Bey schwachen und schüchternen Menschen hingegen, findet man gewöhnlicher die Verstellung, List, Betrügerey, Lug und Trug, und niederträchtige Verführung. Die Kenntniſs der verschiedenen Gemüthsart muſs nothwen wendig auch die Mittel an Handen geben, wie einestheils a) solchen Verbrechen zuvor zu kommen sey, und b) wie dergleichen Verbrecher, so viel möglich, zu bessern sind.

Die Ursachen dieser Verbrechen, müssen daher sorgfältig erforscht werden, und liegen gröfstentheils in den inneren Verhältnissen der Staats-Einrichtung. Dahin sind zu rechnen: *erstlich:* Mangel der Erziehungsanstalten, und guten Unterrichts, indem mancher defswegen auf Abwege kommt, weil er die wahren Verhältnisse von Tugend und Laster nicht kennt, und theils aus roher Unwissenheit, theils aus weichlicher Nachgiebigkeit, sich von Lastern hinreifsen läfst. *Zweytens:* Mangel an einer guten Armen-Anstalt. Denn sehr gewifs ist es, dafs äufserste Dürftigkeit sehr oft zu Haabsucht, menschenfeindlichen Gesinnungen, Niederträchtigkeit, und Erstickung alles Ehrgefühls, Anlafs giebt. *Drittens:* fehlt es in mancher Absicht an Gelegenheit zu Beschäftigung und Eröffnung nützlicher Nahrungs-Quellen. Dann gewifs ist, dafs Müfsiggang der wahre Anlafs zu allen Lastern und Verbrechen ist; indem ein Mensch, der sich thätig und nützlich beschäftiget, zu sinnlichen Reizen keine Zeit hat, und daher bey ihm die sträflichen Leidenschaften nicht leicht Wurzel fassen können. *Viertens:* Der Mangel guter Polizey-Aufsicht ist auch sehr oft Ursache, dafs Bosheit und Verbrechen auf einen sehr hohen Grad erwachsen, indem, wenn die Aufsicht beständig wachsam

sam ist, und kleine Verbrechen bey Zeiten geahndet und gebessert werden, alsdann keine gröfsere Verbrechen so leicht erwachsen. Die *fünfte* Ursache ist, wenn Laster und Verbrechen nicht ohne Rücksicht, und mit nöthiger Schärfe bestraft werden. Denn alsdann verläfst sich so mancher Bösewicht darauf, dafs er durch Gunst oder Gewandheit der Strafe entgehen werde. Eine *sechste* Ursache ist, wenn die Stellen im Staate nicht nach Verdiensten, sondern nach Gunst besetzt werden. Die Folgen davon sind, Untüchtigkeit der Richter und Beamten, welche aus Schwachheit, Unwissenheit, oder Pflichtvergessenheit, auf die Ursachen der Verbrechen nicht sehen, und denselben nicht zu steuren suchen. Eine *siebente* Ursache ist, das üble Beyspiel und die Sittenlofsigkeit angesehener Personen, welche dadurch andere zu Lastern und Verbrechen verführen, indem Tugend und Rechtschaffenheit in den Augen mancher ihre Achtung dadurch verliehren. Unter dieses übele Beyspiel ist hauptsächlich der Luxus zu rechnen; ieder will es dem andern in äusserem Prunke und Eitelkeit gleichthun, und hierdurch hat sich mancher zu unerlaubten Mitteln hinreifsen lassen, welches hauptsächlich bey Leuten vom Mittelstande eine sehr ergiebige Quelle von Verbrechen ist. Endlich *achtens*, ist der Mangel an Religion die Hauptursache der Verbrechen; denn da die Religion die festeste Stütze aller Tugenden ist, da sie der einzige hinlängliche, starke Damm gegen Sinnlichlichkeit und Leidenschaften ist: so müssen nothwendig mit Schwächung der Religions-Begriffe, auch die Laster und Verbrechen überhand nehmen.

Alle diese verschiedene Ursachen der Verbrechen verdienen die gröfste Aufmerksamkeit von Seiten der Staatsverwaltung, und die würklichen Mängel lassen sich daraus am sichersten erkennen, wenn dieses oder jenes Verbrechen häufiger wird, und man bey dessen Erforschung dergleichen Ursachen entdeckt. Eben in dieser Absicht wird es sehr gut seyn, dafs, *erstlich:* der Fiskal aus den Kriminal-Akten jedesmal diejenigen Umstände auszieht, welche auf Ursache und Veranlassung der Verbrechen führen. *Zweytens:* diese Auszüge werden der Landes-Regierung zugestellt. Allda, *drittens:* wird zu Anfange eines jeden Jahrs, über die Zahl, Verschiedenheit und Ursachen der Verbrechen, referirt, wobey alsdann, *viertens:* ein ausführliches Gutachten zu erstatten ist, über die Fragen: ob und wie diese Ursachen von Grundaus zu heben sind.

Zweytes Kapitel.

Von den Mitteln, wie die Ursachen der Verbrechen zu heben sind.

1) Die Erziehungsanstalten sind zwar meistens besser, als in den ehemaligen Zeiten, doch ist

hauptsächlich darauf zu sehen, dafs Sittenlehre und Christenthum nicht sowohl in das Gedächtnifs, als in den Verstand und Herz geprägt werde; dafs es in Begriffen und Empfindungen, und nicht in Worten bestehe. Ein solcher Unterricht muſs mehr durch Erzählungen, und lebhafte Darstellung rührender Beyspiele, als durch trockene Lehrsätze erzielet werden, besonders würden Industrie- Schulen unglaublich viel gutes würken.

2) Die Armenanstalten haben meistens in unsern Zeiten sehr viel gutes; doch ist eine thätige Liebe des Nächsten, von Seiten der Polizey-Beamten, und der Armen-Kommission in der Absicht nöthig, damit die inneren häuslichen Verhältnisse der Armen in ihrer so grofsen Mannichfaltigkeit genau geprüft werden; und man ihnen in dringenden Fällen mit Rath und That anhanden gehen könne, wo sie sonst manchmal durch äussersten Drang der Noth in Verbrechen gestürzt werden. — Besonders gehören hierher solche Arme, welche sich des Bettelns schämen; deren Kinder durch reizenden Körperbau der Verführung ausgesetzt sind; die in schwehren Krankheiten die nöthigen Nahrungsmittel nicht selbst verdienen können; wo, aus Mangel hinlänglicher Bettungen, die Kinder von verschiedenen Geschlechtern beysammen liegen; wo verdächtige Menschen sich der Nothleidenden als Werkzeuge zu ihren Verbrechen zu bedienen suchen. Alle solche Fälle, wodurch Verbrechen vermieden

werden

werden können, werden nur alsdann entdeckt, wenn geistliche und weltliche Vorgesetzte, durch christliche Liebe und Sanftmuth, das Vertrauen der Armen erwerben, und doch zugleich durch Ernst und Scharfsinn, die List und Unwahrheiten abschröcken.

3) Die Eröffnung nützlicher Nahrungsquellen kann allerdings noch sehr vervielfältiget werden, wenn man z. B. alle öde Plätze urbar macht, die Sümpfe durch Grabenziehen austrocknet, Bäume pflanzet, Düng-Erden bereitet, mehrere Steinbrüche eröffnet, alle Landesprodukte sorgfältigst und besser benützt und verfeinert. Wo sich denn für iedes Geschlecht und Alter noch mancherley nützliche Beschäftigungen darbieten werden.

4) Die Polizey-Aufsicht muſs um so thätiger und genauer seyn, als eine Stadt groſs und bevölkert ist, und mithin die Laster und Verbrechen um so häufiger verübt werden. Die unermüdete Aufsicht der Polizeybeamten kann hierin viel gutes leisten.

5) Die Befolgung des gegenwärtigen Kriminalrechts wird eben dadurch manches nützen, weil gerechte Strenge und menschenfreundliche Billigkeit darin vereinbaret sind. Und besonders, weil durch öffentliche Verhandlung der Kriminal-Sachen, alle Besorgniſs für Partheylichkeit, Ungerechtigkeit, oder unverdiente Nachsicht weg fällt.

6) Da bey Besetzung der Stellen, von höchster Landesherrschaft auf Verdienste und wesentliche

Eigen-

Eigenschaften gesehen wird: so ist mit Zuversicht zu hoffen, daſs ieder zu Erzielung dieser Zwecke in seinem Amte, so viel wie möglich ist, mitwürken werde.

7) Der Luxus läſst sich zwar nicht öffentlich verbieten, indem ieder billigermaſsen in seinen Handlungen so lange uneingeschränkt ist, als sie dem gemeinen Wesen nicht öffentlich schaden. Doch kann durch Beyspiele landesherrlicher Dienerschaft und angesehener Personen, und durch ihre Vermeidung unnöthigen Kleiderprunks, und unnützer Verschwendung sehr vieles bewürket werden. Besonders ist zu wünschen, daſs das übermäſsige Schmauſsen bey Hochzeiten, Kindtaufen und Begräbnissen auf dem Lande, desgleichen in der Stadt die Zeit- und Geldversplitternde sogenannte blaue Montage, u. s. w. nach und nach einigermaſsen vermindert werden. Doch ist auch hierin der Mittelweg einzuhalten, denn wer sonsten fleiſsig ist, dem ist auch iedes unschuldige Vergnügen zu gönnen. Und hierin ist nicht durch Verordnungen, sondern durch Beyspiele, und sanfte wohlmeinende Erinnerungen bey schicklicher Gelegenheit zu würken.

8) Der Religions-Unterricht ist die wichtigste Pflicht der Geistlichkeit und der Schullehrer. Das meiste hängt davon ab, daſs dieselben selbst innigst von der Heiligkeit und Wichtigkeit der Religionswahrheiten durchdrungen sind. Alsdann wird es ihnen

an den wahren Mitteln nicht fehlen, das Herz ihrer Zöglinge zu bilden, zu bessern, und einen Eindruck zu machen, der auf den Tugend-Wandel ihres ganzen Lebens würken kann.

Drittes Kapitel.

Von Wachsamkeit des Staats auf gute Sitten.

Eines der würksamsten Mittel, um die Zahl und Gröfse der Verbrechen zu vermindern, ist ganz gewifs die Wachsamkeit des Staats auf Erhaltung guter Sitten. Die Hauptsache kommt hierin darauf an, dafs die Stellen im Staate mit solchen Männern besetzt sind, die sich das Wohl ihrer Untergebenen von Herzen angelegen seyn lassen. Dieser Eyfer, wenn er aufrichtig und warm ist, gibt bey jeder thunlichen Gelegenheit am sichersten an Handen, was hierin am rathsamsten ist. Folgende Sätze können den Grundstoff aller Instruktionen über diesen Gegenstand abgeben. *Erstlich:* Ieder Orts-Vorgesetzte, Vormund, Polizey-Beamte, und so aufsteigend jeder bis zur obersten Stelle, dem ein Würkungskreis anvertraut ist, soll täglich eine Stunde, oder wenigstens eine halbe Stunde darauf verwenden, a) um den Tugenden und Fehlern, und den

den Charaktern seiner Untergebenen nachzusinnen; b) Um zu überlegen, durch welche Mittel er das Gute befördern, und den Fehlern steuern könne; c) Um sich deutliche, bestimmte Begriffe zu machen, welche Fehler allgemein, und welche diesem oder jenem besonders eigen sind. d) Woher diese Fehler entstehen, wie weit Klima, Vorurtheile, Gebräuche, Vermögensumstände, Beschäftigungsart, Alter und Geschlecht, darauf Einfluſs haben. Ferner, e) welche Folgen daraus entstehen, wenn hierin etwas verändert wird: da in manchen Fällen aus den Verbesserungsmitteln neue Uebel entstehen, welche gröſser sind als die vorhergehenden. *Zweytens:* muſs sich ein ieder, dem der Staat einen Würkungskreis anvertraut, folgende deutliche Begriffe von seinen Verhältnissen machen, daſs er a) seine Amtsgewalt niemal nach Willkühr, obgleich in der besten Absicht, gebrauchen dürfe. Daſs er mithin b) weder Zwang, noch Drohungen, vielweniger Strafen in solchen Fällen anwenden könne, welche nicht durch Gesetze ausdrücklich bestimmt sind. Daſs aber c) sein Amt selbst ihm ein Ansehen und Achtung verschaffe, welches für ihn die Quelle der besten Handlungen werden kann, wenn er dies Ansehen mit christlicher Liebe, Klugheit und Bescheidenheit, zum wahren Wohl seiner Untergebenen anwendet. *Drittens:* die Mittel, so er hierin mit Nutzen anwenden kann, sind folgende: a) Er schenke seinen Umgang und sein Vertrauen denenjenigen in gleicher Maſse, die sich durch Rechtschaffenheit, Fleiſs und gute Sitten auszeichnen. b) Er beobachte mit Scharfsinn diejenigen, welche durch eigene üble Sitten sich selbst schaden, und andere zu ähnlichen Irrwegen verleiten c) Er suche dieselben, so lange es thunlich ist, mit Sanftmuth in Vertrauen zu ziehen: und führe ihnen die Folgen auf eine solche Weiſse zu Gemüthe, die sie überzeugen und rühren kann. d) So lange es ohne Nachtheil der öffentlichen Sicherheit geschehen kann, und so lange Hoffnung zur Besserung ist, so verschweige er diejenigen Bemerkungen, welche den Verirrten nachtheilig seyn können, und schone sie so lange, als es seine Amtspflichten erlauben. Dieses Betragen wird ihm Zuneigung und Vertrauen gewinnen, welches der erste Grund aller Besserungen ist. *Viertens*: die Kennzeichen, auf welche er vorzüglich wachsam seyn muſs, sind: a) häusliche Unordnungen, b) häufige Schwelgereyen, Nachtschwärmereyen, übermäſsiges Schuldenmachen, c) ärgerlicher oder ausschweifender Anhang. d) Hauptsächlich der Hang zum Müſsiggange. *Fünftens*: Bey allen solchen ohnmittelbaren, oder mittelbaren Warnungen muſs er folgendes bemerken: a) aus jedem solchen Schritte muſs wahres Wohlwollen vorleuchten; b) jeder Schein von Zwang, übeler Laune, Schadenfreude, Rechthaberey, und Stolz, müssen davon verbannt seyn. c) Muſs er hierin gar nicht im mindesten auf Schwätzereyen Rücksicht nehmen, sondern nur wahre, ganz

gewisse

gewisse Thatsachen müssen ihn veranlassen. d) Vor Heuchlern und aller Verstellung muſs er sich besonders hüten, und die Rechtschaffenen blos an der ohnunterbrochenen Reihe guter und edler Thathandlungen erkennen. e) So sehr er gegen schädliche Sittenverderbniſs wacht, eben so eifrigen Bedacht muſs er darauf nehmen, jede unschuldige, öffentliche Vergnügungen, und jede reine, häusliche Freude zu befördern. *Sechstens:* In dieser seiner Wachsamkeit können ihn folgende Betrachtungen stärken: daſs er a) dadurch den Keim so mancher Verbrechen erstickt; daſs er b) so manchen vor künftigem Unglücke bewahrt, in welches ihn der stufenweise Fortgang des Lasters und der Verführung stürzen würde. Daſs er c) dem Staate so manchen brauchbaren Mann erhalte, und daſs er d) somit seine Pflichten in vollem Maaſse erfüllt. Wobey iedoch *Siebentens:* in diesem Eyfer die Bescheidenheit, Mäſsigung und Klugheit äuſserst nöthig sind, indem sonst Uneinigkeit, Miſsmuth, häusliches Miſstrauen, und allgemeine Unzufriedenheit, bey manchem gleiſsnerischen Augenscheine entstehen.

Viertes Kapitel.

Von Entfernung sittenverderblicher Gelegenheiten.

Die Verminderung der Verbrechen kann in einem Staate nicht wohl besser erzielt werden, wenn man nicht nebst Anwendung obiger Mittel zugleich die Gelegenheit zu Verführungen entfernet.

Ueberhaupt ist hierin das Wesentliche sowohl in peinlichen Gesetzen, als in Polizeyverordnungen verfügt. Nebstdem ist aber auch hierin der nämliche Eyfer würksam, von welchem in dem vorigen Kapitel ausführlich gehandelt worden. Dasienige, was von öffentlichen Hurenhäusern, eigentlicher Kuplerey, und anderen Verbrechen zu verordnen nöthig war, wurde bereits in vorigem Theile abgehandelt. Hier ist aber von Entfernung solcher Gelegenheiten die Rede, welche zu Verführung und künftigen Verbrechen Anlafs geben können, ohne dafs sie im eigentlichen Verstande sträflich sind. Dahin gehören a) die Gelegenheit zum Müssiggange. b) Allerley Anstalten und Anlässe zu Schwelgereyen. c) Der allzuvertraute, Aufsehen, und Aergernifs erregende Umgang mit Personen verschiedenen Geschlechts, u. s. w. Diese Gelegenheiten sind so unendlich mannichfaltig, die Umstände, die dazu mitwürken, so verschieden, dafs nichts ausführliches darüber vollständig gesagt werden kann. Aber auch

auch hierin muſs ieder Vorgesetzte äuſserst bescheiden, klug, und thätig zu Werke gehen. Denn auf einer Seite ist es gewiſs, daſs, *Erstlich*: manche durch Neigung, Iugend, Geschlechtsverschiedenheit, und manche andre Verhältnisse, sich einander wechselweiſe verführen, und zu Grunde richten, da sie sonsten nützliche und glückliche Menschen seyn würden, wenn sie in andern Verhältnissen, Beschäftigungen, oder in Entfernung leben könnten; daſs: *Zweytens*: mancher ein thätiger, rechtschaffener Mann würde, wenn ihn nicht die häufige Gelegenheit zu sinnlichen Zerstreuungen und Ausschweifungen mit fortrisse. Da aber *Drittens*: äuſserst bedenklich ist, die Freyheit ohne Noth einzuschränken; indem diese Einschränkung sehr oft unschuldige Freuden, und unschuldige Vergnügungen stöhren würde, wogegen häusliche, verborgene Laster unter dem Scheine der Gleiſsnerey einreiſsen könnten: So müssen, *Viertens*: die Vorgesetzten nur alsdahn Hand einschlagen: wenn a) würkliches Aergerniſs entstehet; Wenn b) dieses Aergerniſs auf keine stille, schickliche Weise entfernet werden kann; Wenn c) das Mittel, so man anwendet, nicht noch gröſseres Aufsehen und Aergerniſs verursacht. *Fünftens*: Uebrigens verstehet sich von selbsten, daſs alle diese Rücksichten aufhören, und ernstliches, sträkliches Verfahren eintreten muſs, wenn solche Fälle vorkommen, welche in Kriminal - und Polizey - Gesetzen verboten sind: wohin dann Hurerey, Kup-

lerey

lerey, Nachtschwärmerey, Geldprellerey, u. s. w. zu verstehen sind:

Auch diese Sorgfalt der Vorgesetzten wird die Zahl der Verbrechen vermindern, und eben dadurch die allgemeine Wohlfarth vermehren.

Fünftes Kapitel.

Von solchen Verbrechen, welche noch nicht auf eine legale Art angezeigt worden, und wie solche Verbrecher gebessert werden können.

Wenn ein Vorgesetzter seinem Amte mit Treue, mit christlicher Liebe, und mit Eyfer obliegt, so wird er allgemeines Vertrauen gewinnen, und alsdann kann sehr oft geschehen, daſs er Nachricht von solchen Fehltritten in der Stille erhält, von denen keine rechtmäſsigen Anzeigen geschehen. In solchen Fällen liegt ihm ob: *Erstlich:* in solange das gröſste Stillschweigen zu beobachten, bis hinlängliche Anzeigen zur Untersuchung vorhanden sind. *Zweytens:* sobald sich diese Anzeigen ergeben, so muſs er, nach dem ersten Theile dieser Verordnung, sogleich zu der Untersuchung schreiten. *Drittens:* wenn solche Anzeigen gar

gar nicht zum Vorscheine kommen, so muſs er einen solchen Verbrecher in der Stille ganz genau beobachten, und er wird *Viertens:* sehr zweckmäſsig handeln, wenn er denselben für die Zukunft auf solche Weise zu bessern sucht, wovon die Mittel in dem dritten Kapitel angegeben worden. Jedoch muſs er hier immer ganz im allgemeinen sprechen und handeln, und muſs von demjenigen nichts äuſsern, so ihm durch Privatnachrichten, und keineswegs als Richter kund geworden.

SECHSTES KAPITEL.

Von sittlicher Besserung der Verbrecher während ihrer Strafzeit.

Nach der gegenwärtigen Einrichtung der Gefängnisse, Zucht- und Polizey-Häuser, kommen die Verbrecher nach ausgehaltener Strafzeit meistens verdorbter, und für den Staat gefährlicher heraus, als sie hinein giengen. Denn, *erstlich:* wird ihre Gesundheit durch schlechte Kost, Unreinigkeit, stinkende, faule Luft, sehr oft zu Grunde gerichtet. *Zweytens:* wird ihre Sittlichkeit verwahrloſst; sie sehen sich verachtet, ihr Gemüthe wird für Ehrgefühle gleichgültig, und gegen andere Menschen verbittert. *Drittens:* da sie meistens durch Schwachheit, Gelegenheit und Verführung in Laster verfallen, und sehr oft keine richtige Begriffe von der Größe ihrer Fehler haben, so sehen sie die Härte, mit der sie behandelt werden, als Ungerechtigkeit an, und fassen oft den Vorsatz, nach ausgestandener Strafzeit sich von neuem ihrem Hange zu überlassen, und allenfalls ihre Schritte klüger einzurichten, und zu verbergen, wodurch sie in der Folge noch gefährlicher werden. *Viertens:* da der Umgang mit andern Menschen auf den Charakter sehr vielen Einfluß hat; so ist es ganz natürlich, daß wenn in solchen Orten viele lasterhafte und böse Menschen beisammen sind, dieselben einander wechselweise mehr und mehr verderben.

Wenn man daher diesen Mängeln von Grund aus steuern will: so ist es nöthig, die Anstalten in der Maaße zu treffen, *daß die Strafzeit auch zugleich für die Verbrecher eine Zeit der inneren Verbesserung, und sittlichen Bildung werde.*

Hierzu gehöret, a) daß man denselben einen deutlichen Begriff ihrer begangenen Fehler, und die so nöthige Selbstkenntniß mit Ueberzeugung beybringe. Daß b) sowohl ihr Seelsorger, als diejenige, so das Haus verwalten, oder die Gefangenen warten, ihnen Trost und Aufmunterung zusprechen. Daß ihnen c) die Hofnung nicht ganz benommen wird, durch Selbstbesserung und anhaltende Rechtschaffenheit wieder ein besseres Schicksal zu erhalten. Und end-

endlich d) muſs hauptsächlich darauf der Bedacht genommen werden, daſs sie durch anhaltende, zweckmäſsige Beschäftigung ihre Geschicklichkeiten ausbilden, und hauptsächlich, (welches das Schwerste ist,) daſs sie die Gewohnheit des Fleiſses und untadelhaften Betragens annehmen.

Mit einem Worte, die bestraften Verbrecher sind Menschen, und müssen menschlich behandelt werden. Will man sie bessern, so muſs es durch Bildung des Geistes und des Körpers geschehen. Die Bildung des Geistes erfordert gute Gesinnungen, und richtige Begriffe. Die Bildung des Körpers, in Beziehung auf Arbeit, erfordert anhaltende Uebung, und Anweisung.

Siebentes Kapitel.
Von Geistesbildung bestrafter Verbrecher.

Ueber diesen Gegenstand läſst sich zwar nichts vollständiges sagen, da die Charakter der Verbrecher, und der Anlaſs zum Verbrechen, so sehr verschieden sind. Unterdessen sind einige allgemeine Wahrheiten hier passend, welche den Stoff der Instruktion angeben können, für Oberaufseher der Gefängnisse, Zucht- und Polizeyhaus-Verwalter, für Kerkermeister,

ster, u. s. w., besonders aber für Geistliche, deren heiligem Amte die Seelsorge dieser Unglücklichen besonders anvertraut ist. *Erstlich:* kommt es keinem von ienen zu, gegen seine anvertraute Gefangene eine gröfsere Schärfe auszuüben, als das richterliche Urtheil vorschreibt. Daher müssen rauhe Worte, körperliche Mifshandlungen, Nachlässigkeit in der Wartung, verächtliche, spöttische Mienen, hierin gänzlich wegfallen. Vielmehr, wenn solche Vorschritte entdekt werden, sind sie um so schärfer zu bestrafen, als der arme Gefangene hülflos und wehrlos ist, und sein Wächter, Wärter, oder Aufscher, dasienige Vertrauen mifsbraucht, welches der Staat auf ihn setzt. *Zweytens:* Wenn, im Gegentheile, den Bestraften eine unschuldige Zerstreuung, Genufs, Freude, oder Trost verschaft werden kann, welcher in dem Urtheile nicht ausdrücklich verboten ist: so wird wohl geschehen, wenn dieienigen dazu beförderlich sind, unter deren Obsorge die Gefangenen stehen. So z. B. kann ihnen wohl vergönnet werden, iedoch jedesmal mit Einwilligung des Richters, dafs sie in Gegenwart des Wärters mit ihren Freunden und Anverwandten sprechen. Dafs sie nach vollendeter Arbeit in ihrer Ruhe und Nebenstunden durch Lesung guter Bücher, oder sonst einen unschuldigen Zeitvertreib sich erholen, u. s. w., welches alles nach Umständen und Charakter des Verbrechers verschieden ist, und mit Vorwissen und Genehmigung des Richters geschehen mufs. *Drittens:* durch solches

ches sanfte und menschenfreundliche Benehmen werden Muth, Liebe und Vertrauen in den Gemüthern erhalten, und der Seelsorger wird überhaupt selbst wissen, wie er ihnen den Trost, und die Pflicht innerer moralischer Besserung ans Herz zu legen hat. *Viertens:* überhaupt ist hierin ein allgemeiner Grundsatz durchaus anzunehmen, und zu beobachten, dafs man an der möglichen Verbesserung eines Verbrechers niemal ganz verzweiflen mufs; und wenn er auch der eingewurzelteste, ruchloseste Bösewicht wäre. Obschon dergleichen Beispiele nicht häufig sind, so gibt es deren dennoch mehrere, und die nämliche Kraft, welche grofse Verbrechen erzeugt, kann auch Tugenden hervor bringen, wenn einmal das Herz gerührt, der Verstand aufgeklärt ist, und gute oder befsere Gewohnheiten Wurzel gefafst haben. Der Seelsorger mufs daher niemalen die Hoffnung aufgeben, noch sich durch Rückfälle abschrecken lassen. Sanftmuth, und beständiges Anhalten können hierin vieles würken, und nichts ist wohl tröstlicher und erfreulicher, als einen Verirrten zurück zu führen. Was hier von dem Seelsorger gesagt worden, verstehet sich auch von allen denen, welchen Gefangene anvertrauet sind, und mit denselben Umgang haben. *Fünftens:* dieser Gegenstand erfordert allerdings ein eigenes Talent und wahren Tugendeyfer, welche weder durch mechanischen Fleifs, noch durch scharfe Aufsicht ersetzt werden können. Daher ist

es

es nöthig, daß man a) in der Auswahl solcher Männer äußerst sorgfältig zu Werke gehe; daß man b) solche mühsame Besorgung auch hinlänglich besolde. *Sechstens:* hauptsächlich müssen dergleichen Orte geräumlich, und dergestalten eingerichtet seyn, daß man die Verbrecher hinlänglich von einander absondern könne, damit einer den andern nicht verderbe, und derjenige gute Eindruck wieder verlöscht werde, welcher durch sonstige gute Anstalten bewürket worden. *Siebentens:* über die Aufführung der Verbrecher, die Merkmale ihrer Gesinnungen, und die Stufen ihrer Besserung, ist ein ausführliches Tagebuch zu halten. Dieses Tagebuch wird alljährlich der Regierung vorgelegt, und darüber referirt, ob, und welchem unter den Gefangenen, ohne Gefahr für den Staat, die Strafe zu vermindern oder zu erlassen sey.

ACHTES KAPITEL.

Von Beschäftigung der Bestraften.

Dieser Gegenstand ist deswegen wichtig, weil er das einzige Mittel enthält, die Verbrecher durch angewöhnten Fleiß und Geschicklichkeit zu brauchbaren Menschen zu bilden.

Der-

Dermalen ist hierin deswegen alles ziemlich verschoben, weil die Leute meistens ganz mechanisch irgend eine Schanzenarbeit, oder dergleichen, verrichten. Da bey solchem Geschäfte kein eigener Reiz oder Antrieb ist, so wird es so lässig verrichtet, als möglich ist. Da ferner solche Arbeit ganz gezwungen ist, so vermehrt sich bey solchen Leuten der Abscheu vor aller Arbeit, und wenn dann ihre Strafzeit aus ist, so bleibt der Hang zum Müſsiggange oft gröſser, als er vorher war. Ueberdieſs werden alle zu der nämlichen Art Arbeit meistens angehalten, ohne daſs sie hierzu Anlagen und Fähigkeiten haben. Diesem allen könnte wohl am besten gesteuert werden, wenn die Einrichtungen nach folgenden Grundsätzen getroffen würden:

Erstlich: wird iedem, nach Verhältnisse seiner Leibeskräfte, ein bestimmtes Stück Arbeit vorgeschrieben. Z. B. so viel Pfund Färbe-Holz zu raspeln, so viel Kubikschuhe Gräben auszuheben, so viel Pfund Wolle zu kämmen, so viel Pfund Werk zu hecheln, u. s. w. *Zweytens:* macht er die Arbeit nicht gut, so muſs er sie noch selbigen Tag wiederholen. *Drittens:* sobald er fertig ist, kann er zu seinem eigenen Profit arbeiten. Das Geld wird ihm aufgesparet, und kann er dasselbe auf erlaubte Tage zu besserer Kost, zu feinem Weiſszeuge, oder zu sonst ihm nützlichen, und angenehmen Gebrauche verwenden, iedoch allezeit mit Genehmigung des Richters. *Viertens:*

in dem Polizeyhause ist es oft thunlich, daſs in manchem Verhältnisse iunge Leute in derienigen Arbeit unterrichtet werden, wozu sie vorzüglich Lust bezeigen. Dieses ist besonders anwendbar auf iunge Weibspersonen. Doch muſs der Unterricht allezeit unter Aufsicht des Verwalters, oder seiner Frau gegeben werden. *Fünftens:* So viel es immer möglich ist, müssen in solchen Häusern mehrere, und verschiedene Gegenstände der Beschäftigung vorhanden seyn; iedoch ist hierbey darauf Rücksicht zu nehmen, daſs keiner den andern stöhre. *Sechstens:* in dieser nämlichen Absicht ist auch eine wohlabgemessene Tagordnung einzuführen nöthig, worauf alsdann pünktlich zu halten ist. *Siebentens:* bey aller dieser Sorgfalt und der Sanftmuth, welche bey der Ausführung nöthig ist, muſs iedoch allemal der nöthige Ernst in der Maaſse eintreten, daſs der Verbrecher und das Publikum niemalen vergessen, daſs dieses Straforte sind.

Neuntes Kapitel.

Von innerer Einrichtung des Polizeyhauses.

Erstens: das Polizeyhaus soll künftig lediglich für dieienigen bestimmt seyn, welche wegen solcher

Fehler

Fehler bestraft werden, an welchen keine Bosheit Theil hat, sondern welche aus Nachläſsigkeit, sträflicher Unwissenheit, oder Unbesonnenheit, entstehen. *Zweytens:* die Eintheilung des Hauses muſs dergestalt getroffen werden, daſs Personen beiderley Geschlechts, wegen Reinheit der Sitten, abgesondert bleiben. *Drittens:* die Zimmer müssen dergestalt eingerichtet werden, daſs, nach Verschiedenheit der Beschäftigung, keiner den andern hindert. *Viertens:* der Aufenthalt in dem Polizeyhause soll auf keine Weise der Ehre nachtheilig seyn. *Fünftens:* die Kleidung im Polizeyhause ist verschieden, ie nachdem ieder die seinige mitbringt. *Sechstens:* Iedem ist täglich ein bestimmter Gegenstand von Arbeit anzuweisen. Bey Personen von reifen Iahren, die gesund sind, muſs dieses so viel betragen, als ihr Unterhalt kostet. Bey Kindern und ganz alten Leuten muſs nach Umständen hierin dergestalt ab- und zugegeben werden, daſs ihnen des Tages mehrere Stunden zur Beschäftigung übrig bleiben. *Siebentens:* ist eine Tagordnung einzuführen, worin die Zeit des Aufstehens, Schlafengehens, Speisens, Arbeitungs- und Erholungsstunden, theils im Winter, theils im Sommer, fest zu setzen ist. *Achtens:* ist ein Verwalter über das Polizeyhaus anzustellen, der ein Mann von gesetzten Iahren, bewährter Rechtschaffenheit, guter gesunder Vernunft, und reifer Erfahrung ist. *Neuntens:* diesem Verwalter liegt hauptsächlich ob: a) auf Ordnung und Reinlichkeit des Hauses

Hauses zu halten. b) Die Gesinnungen, Gemüther, und Anlagen seiner Pflegempfohlenen, zu erforschen. c) Hiernächst zu bestimmen, womit sie zu beschäftigen sind. d) Sich darauf zu befleifsen, damit sich seine Pflegempfohlenen, mit Muth, Lust, und Geschiklichkeit an anhaltende Arbeit gewöhnen. e) Hat er den Bedacht zu nehmen, damit die Haushaltung ordentlich geführt werde, und hierbey kein Unterschleif einreifse. f) Die Rechnung über die Administration wird alle Iahre an die Kammer abgeleget, und hat dasienige in Einnahme, was aus erlösten Fabrikaten und Kameral-Zuschüssen einkommt. Die Ausgabe bestehet, in Unterhaltung, des Hauses, Besoldungen, rohen Materialien, und Verpflegung der darin befindlichen Arrestanten. *Zehntens:* ist ein Faktor oder Buchhalter anzustellen, welcher die Verkaufung der Fabrikaten besorgt, und desgleichen die Ankaufung der rohen Materialien. Damit die bürgerliche Nahrung durch diese Anstalt nicht leide, so verkauft a) das Polizeyhaus nichts im einzeln. b) Die Fabrikate werden alle Vierteliahre taxirt. c) Der Verkauf wird den Kaufleuten und Professionisten mit 10 p. Cent Rabat angeboten. d) Wenn sie sich dazu nicht verstehen, so werden die Fabrikate öffentlich versteigert. *Eilftens:* da nicht ieder zu Fabrik-Arbeiten brauchbar ist: so wird von dem Polizeyhause ein Garten gekauft, oder in Pacht genommen, zu dessen Bebauung die Polizeyhauseinwohner gebraucht werden. *Zwölftens:* zu dem

dem Polizeyhause ist ein Seelsorger anzustellen, dem eigends obliegt, alles dasienige zu thun und zu besorgen, was zur moralischen Bildung der Polizeyhausinwohner beytragen kann. Hierbey kommt es hauptsächlich darauf an: a) Derselben Gemüther und Gesinnungen ins besondere zu prüfen. b) Dieselben von der Nothwendigkeit und dem Nutzen ihrer Besserung zu überzeugen. c) Ihr Vertrauen zu gewinnen. d) Dieienigen abzusondern, deren Umgang für andere verderblich ist; zu welchem Ende denn auch e) mehrere besondere Wohnzimmer in dem Polizeyhause vorzubehalten sind. *Dreyzehntens:* Sowohl die Pfarrer als die Verwalter führen ieder ein Tagebuch, über Gesinnungen, Besserung, Fleifs, der Arrestanten im Polizeyhause.

Zehntes Kapitel.
Von Einrichtung des Zuchthauses.

Erstlich: das Zuchthaus ist derienige Aufenthalt, wo die Bosheit der Verbrecher bestraft wird. *Zweytens:* da die Bosheit eigentlich dasienige ist, was mit Recht das Mifstrauen des Staats für die Zukunft und Bestrafung des Vergangenen verdient: so sind folglich dieienigen, die im Zuchthause bestraft werden, unfähig, Zeugnifs abzulegen. Alle dieienigen, welche im Zuchthause sind, werden zu folgenden Arbeiten gebraucht: a) Gassenkehren, Privete reinigen, c) Graben ausheben, d) Schutt wegräumen, Eis aufhauen und wegführen, u. s. w. *Drittens:* alle Züchtlinge sind einförmig gekleidet, in grobem grauen Tuche, mit abgeschornen Haaren: sie seyen männlichen oder weiblichen Geschlechts. *Viertens:* Sobald sie ihre bestimmte Tagarbeit verrichtet haben, ist ihnen erlaubt, in Feyerabendstunden, durch Werkhecheln oder Spinnen sich einen Nebenverdienst zu erwerben. *Fünftens:* das Geld davon wird ihnen von dem Verwalter aufbewahrt, und sie können dasselbe nicht anders als mit Genehmigung des Richters zu ihren Absichten verwenden. *Sechstens:* Obgleich die Züchtlinge an sich sehr sträflich sind, so muſs dennoch, nach obigen Grundsätzen, alle Mühe und Sorgfalt angewendet werden, um sie zu bessern, und zu brauchbaren Menschen umzubilden. *Siebentens:* der Verwalter muſs daher alle Sorgfalt anwenden, damit sie in Nebenstunden den Müssiggang meiden, und sich an Fleiſs und Ordnung gewöhnen. *Achtens:* für das Zuchthaus wird ein besonderer Seelsorger angestellt. Diesem liegt ob: ihr Herz zu bilden, zu bessern, und ihnen wahre Begriffe von Pflicht und Rechtschaffenheit, und deren zeitlichem und ewigem Nutzen beyzubringen. Zu diesem Amte ist allerdings die thätigste christliche Liebe nebst vieler Menschenkenntniſs, unermüdete Geduld und standhafter Eyfer, erforderlich. *Neuntens:* der Verwalwalter sowohl als die beyden Seelsorger führen gleichfalls über die Aufführung der Züchtlinge ein Tagebuch. *Zehntens:* für das Zuchthaus muſs gleichfalls eine Tagordnung aufgesetzt werden; und der Zuchthausverwalter legt alle Iahre seine Rechnung über die ökonomische Verwaltung ab. *Eilftens:* in dem Zucht- und Polizeyhause sind gleichfalls einige abgesonderte Kammern, für solche äuſserst boshafte Züchtlinge zu bestimmen, welche durch ihren Umgang die andern noch mehr verderben würden. *Zwölftens:* der Zuchthausverwalter darf sich nicht die mindeste Miſshandlung der Züchtlinge eigenmächtig beygehen lassen: sondern in dringenden Fällen und Fehltritten hat er den Vermessenen sogleich einzusperren, und bey den Gerichten, oder dessen Präsidenten die Anzeige zu machen. *Dreyzehntens:* das Vertrauen der Züchtlinge ist äuſserst schwehr zu gewinnen, ist aber zu deren Besserung wesentlich nöthig und unentbehrlich. Die Seelsorger sowohl, als der Verwalter haben hierauf den Bedacht zu nehmen, iedoch allezeit in der Maaſse, daſs der nöthige Ernst und Furcht nicht im mindesten darunter leiden. *Vierzehntens:* innere Empörungen und Unruhen in dem Zuchthause werden daher von Kurfürstlichen Gerichten mit scharfer Strafe beleget, und diese wird in Gegenwart aller Züchtlinge vollzogen, damit Eindruck des Gehorsams erregt werde. *Funfzehntens:* auf die Auswahl der Seelsorger und des Verwalters wird äuſserst viel ankommen, und verstehet sich

sich von selbst, daſs sie hinlänglich besoldet werden müssen. *Sechzehntens:* Wenn die Strafzeit vorüber ist: so bekommen die Züchtlinge dieienigen Kleider wieder, so sie hinein gebracht haben. *Siebenzehntens:* den Züchtlingen ist aller genauerer Umgang mit Auswärtigen untersagt.

Eilftes Kapitel.
Von Gefängnissen.

1) Die Gefängnisse müssen dergestalt eingerichtet werden, daſs man vor aller Entweichung der Gefangenen gesichert ist.

2) Sonst aber muſs der Aufenthalt so eingerichtet seyn, daſs die Gesundheit der Gefangenen nicht darunter leidet, und durchaus die Reinlichkeit beobachtet wird.

3) In ieder Woche wird ieder Gefangene in ein anderes Zimmer gebracht, wo mittlerweile in seiner Wohnstube ausgekehrt, Fenster geöffnet, und ein starker Rauch gemacht wird, damit die Luft vollkommen gereiniget werde.

4) Die Verköstigung muſs folgender Gestalt veranstaltet werden: a) Dieienigen, welche in Untersuchung

chung befangen sind, werden eben so verköstiget, als wie sie zu Hause zu leben gewohnt waren. b) Diejenigen, welche vermöge rechtlichen Urtheils zur Strafe gefangen sind, werden nach dem Inhalte des Urtheils und der richterlichen Weisung verköstiget.

5) Für die Gefängnisse werden auch eigene Seelsorger bestimmt, und was hierin wegen Bildung und Besserung der Verbrecher in vorigen Kapiteln erwähnt worden, ist auch hierher passend.

6) Der Gefangenwärter bekommt eine eigene Instruktion, worin ihm die nöthige Pünktlichkeit, Ernst, Sorgfalt und christliche Liebe anempfohlen wird, so wie den Verwaltern des Zucht- und Polizeyhauses.

7) Den Gefangenen ist gleichfalls eine nützliche und angenehme Beschäftigung nicht zu versagen, jedoch muss dieses mit ausdrücklicher Genehmigung des Richters geschehen.

8) In Betreff der Gefangenen wird gleichfalls von den Verwaltern und den Seelsorgern ein Tagebuch über deren Betragen, Beschäftigung und Gesinnungen geführt, und der Landes-Regierung vorgelegt.

Zwölf-

Zwölftes Kapitel.

Nöthige Aufsicht über alle obige Anstalten.

1) Wird ein Regierungsrath und ein Kriminal-Gerichts-Assessor als beständige Oberaufseher über Zuchthaus, Polizeyhaus, und Gefängnisse besstellt.

2) Dieselben können, so oft sie wollen, sammt und sonders nachsehen: a) ob die Reinlichkeit beobachtet werde; b) ob die Gefangenen über keine Mishandlung zu klagen haben; c) ob keiner über die vorgesetzte Zeit im Gefängnisse sitzt, ohne verhört zu werden. d) Wenn ein Gefangener länger als 24 Stunden sitzt, ohne dafs das Verhör seinen Anfang genommen, so machen sie sogleich die Anzeige bey dem zeitigen Statthalter.

3) Nebst den gewöhnlichen Commissarien geschiehet noch alle halbe Iahre eine Revision der Zuchthaus- und Polizeyhaus-Anstalten, und Gefängnisse. Dieses Geschäfte wird abwechselnd besorgt von allen Mitgliedern der Regierung und der Gerichte. Hierzu wird iedesmal ein Regierungsrath und ein Criminal-Gerichts-Assessor der Reihe nach deputirt. Ohne Zuziehung des Ver-

Verwalters, vernehmen sie ieden Gefangenen insbesondere über folgende Fragen, a) ob er nichts über Kost zu klagen habe, b) ob die nöthige Reinlichkeit beobachtet werde, c) womit er sich beschäftige, d) ob die Untersuchung nicht verzögert werde, e) ob er nichts vorzubringen habe, so zu seinem Besten beytragen könne. Ueber diefs alles wird hiernächst bey der Regierung, und in Criminal-Gerichten referirt.

Schlufs.

Schluſs.

Dieses obige System der peinlichen Gerichtsbarkeit wird den Landes - Stellen zur thätigen Ausführung bestens anempfohlen. An dieser Ausführung ist, wie in allen Geschäften, das meiste gelegen; indem sonst der Buchstab eines Gesetzes todt und ohne Würkung bleibt. Daher soll a) dieses Gesetzbuch von jedem gelesen und durchgedacht werden, der als Mitglied der Landes-Regierung, weltlicher Gerichte, des Stadtraths, der Polizeybeamten, der Landämter, und der Advokatur angestellt wird. b) Bey solcher Anstellung sollen, nebst der gewöhnlichen Prüfung, und Probe - Relation, demselben auch über den Inhalt dieses Gesetzbuchs die wesentlichen Fragen gesetzt werden. c) Die Lehrer des Criminalrechts auf inländischen hohen Schulen, sollen über dieses Gesetzbuch Vorlesungen halten. In dieser Absicht e) soll ihnen verstattet seyn, davon einen Auszug zu fertigen, und zu ihren Vorlesungen drucken zu lassen. f) Im Falle die dasige Stellen über dessen Inhalt einen Anstand haben: soll darüber wegen künftiger Ereignisse angefragt werden. g) Die gegenwärtig laufenden Fälle aber sollen nach dem Sinne gegenwärtigen Gesetzbuches entschieden werden. Wobey iedoch h) der höchste Landesherr sich vorbehält, die in den bekannt gemachten Urtheilen bestimmten Strafen in einzelen Fällen zu mildern.

Der

Schluß.

Der Erfolg wird zeigen, in welcher Maase die Absicht hierin erreicht worden. Diese kann lediglich durch die Folgen beurtheilet werden, wenn nämlich:

1) Die Zahl der Verbrechen um ein merkliches vermindert wird, und wenn:

2) Die Verbrecher selbst durch die angesetzten Strafen gebessert, und in treue, brauchbare Unterthanen umgebildet werden.

Hierüber ist alljährlich eine Tabelle auszufertigen, mit einem ausführlichen Berichte zu begleiten, und dem höchsten Landesherrn unterthänigst vorzulegen.

In dieser ganzen Sache hängt nun alles Gute davon ab, daß die Stellen mit bewährtem Eyfer, Gerechtigkeitsliebe, Billigkeit, Scharfsinne, Fleiße und standhafter Gedult, dasienige zu Stande bringen, was hiermit vergeschlagen worden.